连士升
（1907年5月24日—1973年7月9日）

  连士升是新加坡和马来西亚上世纪五六十年代的著名华文作家。他生于中国福建省福安县（1989年已升为福安市）。上中学以前，他熟读古代经典，奠定了良好的文史学问基础。1931年他从北京燕京大学经济系毕业后，留在北京从事经济史学术研究和著述。三十至四十年代，受战乱影响，他颠沛流离，但仍创造机会研究、写作、翻译和办学。1948年他受聘于新加坡《南洋商报》，在该报当特派记者、主笔、编辑、总编辑，直至1971年退休。

  连士升文笔精练，文章富有哲理。他悲天悯人，坚毅朴实的性格，自然地流露于字里行间。他著作丰富，2011年北京大学出版社收集他的著作，出版了《连士升文集》。该文集共五卷。第一卷为四本游记，第二卷为四本散文，第三卷为四本传记，第四和第五卷为八本《海滨寄简》。

  除了写作，连士升也积极推动艺术、文化、教育等社会活动。他曾任新加坡南洋大学筹备委员会委员，新加坡大学理事会委员，南洋学会会长，中国学会副会长，新加坡政府公共服务委员会委员。为了表彰他的贡献，新加坡政府于1963年授予他公共服务纪念奖章。

［新加坡］连士升 著

卓识思远
ZHUOSHI SIYUAN

连士升社评选集

北京大学出版社
PEKING UNIVERSITY PRESS

图书在版编目(CIP)数据

卓识思远：连士升社评选集 /（新加坡）连士升著.
—北京：北京大学出版社，2016.10
ISBN 978-7-301-27588-7

I.①卓… II.①连… III.①社会科学—文集 IV.①C53

中国版本图书馆CIP数据核字 (2016) 第229460号

书　　名	卓识思远——连士升社评选集 ZHUOSHI SIYUAN——LIAN SHISHENG SHEPING XUANJI
著作责任者	〔新加坡〕连士升　著
责任编辑	任　蕾
标准书号	ISBN 978-7-301-27588-7
出版发行	北京大学出版社
地　　址	北京市海淀区成府路205号　100871
网　　址	http://www.pup.cn　新浪微博：@北京大学出版社
电子信箱	zpup@pup.cn
电　　话	邮购部 62752015　发行部 62750672　编辑部 62752028
印 刷 者	北京汇林印务有限公司
经 销 者	新华书店
	880毫米×1230毫米　32开本　6.875印张　160千字 2016年10月第1版　2016年10月第1次印刷
定　　价	36.00元

未经许可，不得以任何方式复制或抄袭本书之部分或全部内容。
版权所有，侵权必究
举报电话：010-62752024　电子信箱：fd@pup.pku.edu.cn
图书如有印装质量问题，请与出版部联系，电话：010-62756370

前　言

连士升第一本社评选集《慧眼静观》在2015年面世后，我们就积极准备第二集的出版。

这本书收集了父亲连士升先生自1949年到1971年间，谈论有关新马文化和教育问题的52篇社评。在这期间，新加坡人经历了英国殖民政府的统治，到1959年新加坡成为自治邦，1963年并入马来西亚，到了1965年，在仓促之间被迫成为独立的国家。在殖民地时代，大多数的华人只认为是侨居在新加坡，他们心目中的祖国还是中国，他们的母语也理所当然的是中文。由于国际形势的改变，尤其是新加坡独立以后，这里的华人选择了这个新兴的国家为他们安身立命的家园。我们应该以那个时代的背景来阅读这本书。

在六七十年前，写字的工具还是毛笔或钢笔，世界各地新闻的传送是靠电报，报纸的印刷是从排字开始，办公室没有空调设备，更谈不上有什么图书馆的参考资料。当年做记者、主笔工作的困难和艰苦可想而知。连士升先生写的社评除了是"上情下达和下情上达"的管道，更负起教育普罗大众的责任。他的理想是"天下一家，世界大同"，而他提倡的途径是以儒家的"仁"为出发点，"礼"为规范准则。这些思想在他二十几年所写的社评中贯彻始终。

　　这本书共分成四辑。在《文化的传承和交融》中，连士升既强调保留历史的重要，又鼓励文化的交流。是的，一个国家的人民如果没有集体的记忆，就缺少了凝聚的核心；而没有文化的根基，就容易流于肤浅。在《文化的发扬和创新》中，他提到在文化创新的过程中，多元民族比单元民族更能产生辉煌的成绩。只要我们用心把东西文化去芜存菁、求同存异，就能创造属于我们独有的文化。

　　新加坡这个小岛原是苦力埠，早年由中国南来的学者做的是拓荒的工作。在《教育兴国》这一辑，他急着要移风易俗，倡导创办一所以中文为教学媒介的大学。在《教育精神》一辑中，他反对学校过于注重考试，希望培养学生阅读的习惯，以达到终身学习的目标。他提出的许多理念，后来被一一证实是正确的。

　　连士升先生是个博学多闻、学贯中西的学者。文化和教育是他最关心的课题。他的思想从来不偏激，对于有争议性的问题，能够客观地分析和坚守自己的原则。在他那个年代，华校、英校、华语、英语，南洋大学的前途等问题，讨论得不但激烈，而且十分政治化。他在这方面所发表的社评，篇幅特别多。在当时，涉及那样的话题肯定是吃力不讨好。他认为文化是目标，教育是手段；但是有的时候，教育是目标，文化又是手段。他强调母语是文化的基础，英语是必须要掌握的工具。他坚信他的理念和方法是正确也是可行的，所以把我们都送到华校受教育。新加坡独立以后，新成立的政府以非常务实而高效的手段治国。在建国初期，政府当局的教育政策是"现蒸现卖"，英文至上。新加坡骄人的经济成果确是有目共睹，其中的成功，有多少是因为实施高度务实的语文政策，要在将来回顾历史时才可能加以证实。我们知道世间的"代偿定律"是不停地在运作，新加坡人在享受经济的繁荣时，是否也失去了一些永不能补偿的传统价值？

连士升先生的社评中多次提到我们要有设备完善的大学，聘请学有专长的教授来讲学；在工业化的过程中，千万不要忽略成立艺术学院、音乐学院；更要投资建设一流的图书馆、音乐厅、运动场、飞机场等。这些当年的梦想都一一实现了。这些成就都是新加坡人值得自豪的地方。另一方面，我们要成为一个真正优雅的社会，一个拥有为人类服务精神的族群，还需继续努力。

当年的头条新闻，到了今天，有些已成为历史。可是过去的社评提醒我们，现在还有许多依旧是迫切而棘手的问题，还得靠新一代的人民，以更开阔的视野和想象力来寻求解决的方案。

连侨思　连亮思　连文思
2016年8月

目 录

第一辑　文化的传承和交融 ························· 1

1　齐白石荣获国际和平奖 ························· 3
2　东方和西方应共同存在 ························· 7
3　建立共同生活 ······································ 11
4　农历除夕话生活习惯 ···························· 15
5　发扬为人类服务的精神 ························ 18
6　从越南摄影展览会说起 ························ 22
7　新加坡文化代表团的收获 ····················· 26
8　报纸的用字问题 ·································· 30
9　报纸的翻译问题 ·································· 34
10　文献的搜集和保藏 ····························· 38
11　多彩多姿的青年节 ····························· 42
12　新加坡应集希腊和瑞士的大成 ············ 46
13　文化部与艺术总会 ····························· 50

第二辑　文化的发扬和创新 ························· 55

1　培养科学的人才 ·································· 57
2　南洋大学与南洋文化 ··························· 60
3　国家剧场与创作剧本 ··························· 63

4	让儿童表现他们的天才	67
5	药物治疗与精神治疗	70
6	新闻训练班和新闻自由	74
7	莎士比亚诞生四百周年纪念	78
8	新兴国家的外交人才	82
9	在竞技场中一决雌雄	86
10	救救书业和印刷业	89
11	新文化的创造	93
12	文化事业需要特别奖励	96
13	提倡体育和舞蹈	100

第三辑　教育兴国　　103

1	华侨的文化与教育	105
2	尊师运动的重要性	109
3	重申创办南大的宗旨	113
4	怎样提高文化水准	116
5	鼓起人民的读书风气	120
6	义安学院开学典礼	124
7	巾帼不让须眉	128
8	青年感化训练所的功用	132
9	大学对社会教育的另一贡献	136
10	提倡学以致用的教育	139
11	公民应尽的责任	143
12	新加坡一百五十周年纪念	146
13	健全学风的提倡	150

第四辑　教育精神 ⋯⋯⋯⋯⋯⋯⋯⋯⋯⋯⋯⋯⋯⋯⋯⋯⋯⋯ 155

  1　华侨学校应注重中文 ⋯⋯⋯⋯⋯⋯⋯⋯⋯⋯⋯⋯⋯⋯ 157
  2　华校学生的课外读物 ⋯⋯⋯⋯⋯⋯⋯⋯⋯⋯⋯⋯⋯⋯ 161
  3　助学金与叙别会 ⋯⋯⋯⋯⋯⋯⋯⋯⋯⋯⋯⋯⋯⋯⋯⋯ 165
  4　庆祝新加坡大学的诞生 ⋯⋯⋯⋯⋯⋯⋯⋯⋯⋯⋯⋯⋯ 169
  5　正在扩展中的新大中文系 ⋯⋯⋯⋯⋯⋯⋯⋯⋯⋯⋯⋯ 173
  6　注重母语与普及教育 ⋯⋯⋯⋯⋯⋯⋯⋯⋯⋯⋯⋯⋯⋯ 176
  7　提高华校的英文水准 ⋯⋯⋯⋯⋯⋯⋯⋯⋯⋯⋯⋯⋯⋯ 180
  8　怎样提高华校的语文程度 ⋯⋯⋯⋯⋯⋯⋯⋯⋯⋯⋯⋯ 183
  9　学生应注意课外读物 ⋯⋯⋯⋯⋯⋯⋯⋯⋯⋯⋯⋯⋯⋯ 187
  10　重订留学政策 ⋯⋯⋯⋯⋯⋯⋯⋯⋯⋯⋯⋯⋯⋯⋯⋯⋯ 190
  11　中小学历史课本须重新检讨 ⋯⋯⋯⋯⋯⋯⋯⋯⋯⋯⋯ 194
  12　考试制度与创造思想 ⋯⋯⋯⋯⋯⋯⋯⋯⋯⋯⋯⋯⋯⋯ 198
  13　热烈欢迎杨振宁教授 ⋯⋯⋯⋯⋯⋯⋯⋯⋯⋯⋯⋯⋯⋯ 202

索引 ⋯⋯⋯⋯⋯⋯⋯⋯⋯⋯⋯⋯⋯⋯⋯⋯⋯⋯⋯⋯⋯⋯⋯⋯ 206

第一辑
文化的传承和交融

1　齐白石荣获国际和平奖

> 一个学者或艺人，只要三年没有用功，以后他就像平原野马一样，易放难收，再不能自甘寂寞地伏案用功了。

中国老画家齐白石先生于日前荣获国际和平奖[①]，这是一宗很有意义的事情，值得我们重视。

齐白石先生名璜，号白石，湖南湘潭人，现年93岁。是当代中国最老的名画家。假如我们用"年高德劭"四字来赠送他，可说是恰到好处。

近百年来，湖南人才辈出，无论文治武功，都有代表的人物。湖南人素性刚强，魄力宏伟，这正是拨乱反正时代最需要的角色。

齐白石先生出身于贫农的家庭，年青的时代，做过木匠。可是有志向学的齐先生，绝不受恶劣环境的限制。他在工作的余暇，专心学诗、习画、治印，到了学艺精通的时候，好像锥处囊中，脱颖而出，他的造诣马上被同乡先辈赏识。

但是，湖南究竟是内地的省份，交游不广，见识有限，一个艺人要崭露头角，非跑到人文荟萃的北京不可。齐先生的家境虽不佳，然而他志不在小。他愿意抛却故乡已得的一点浮名，毅然决然地跑到北京去再受教育。心无杂念，学有专长的齐先生，一到北京，好像蛟龙得云雨那样，大有"得其所哉，得其所哉"②之概。除故宫博物院所藏的历代名画的真迹外，他还能够博览当代各大收藏家的秘本。溯流穷源，触类旁通，因此，他的绘画才能够独辟门径，不同凡响。

从齐先生艺术的成功，我们可以找出几种体会。

现代的学科很复杂，一个人如要在文坛艺苑上有高度的成就，非有健全的体魄不可。不然，先天不足，后天亏损，年仅四十，未老先衰，甚至溘然长逝，修文地下③，使他过去几十年间的所学，无法表现出来，这不但是个人的损失，而且可说是国家社会的大损失。

庄子说得好："风之积也不厚，则其负大翼也无力。"④无论学术或艺术，真正成功的人，都要经过长期的努力，多年的积聚。人虽好名，谁也不敢朝学执笔，暮已自夸为能手。但是，事实上，本来有希望的学者或艺人，只因健康欠佳，精力不济，致为山九仞，功亏一篑⑤。想到已故萧伯纳先生，当他94岁的高龄，还能够在报章杂志上跟人往返辩论；想到齐白石先生，今年已达93岁的上寿，还能够款待亲友，挥毫作画，这怎能不使人对于"精且博，寿而康"的境界有特别的眷念呢？

当代中国本来有许多学者和艺人有大成就的希望。只因他们抱着"学而优则仕"的观念，汲汲于富贵，奔走于权贵之门，头尖脸厚，眼明手快，无非想求得一官半职。等到官印到手，那患得患失之心，不禁油然而生，从此尽弃所学，给蜗角虚名，蝇头小利所奴役；心为形役，至死不悟；而毕生所学的特长，永远没有表现的机会。事实上，"三年不为礼，礼必坏；三年不为乐，乐必崩"⑥。一个学者或艺人，只要三年没有用功，以后他就像平原野马一样，易放难收，再不能自甘寂寞地伏案用功了。

齐先生在国内誉垂50年，门生故旧满天下。以他的资望和社会关系来找功名利禄，部长级的特任官虽不敢保证，处长厅长级的简任官毫无问题。然而他恬淡寡欲，专心一志地以艺术为毕生努力的鹄的[7]。只有这样，他这才能够登峰造极。有恒不懈，水到渠成。别问他个人的天分如何，光是七八十年不断地努力，已够那些不自量力而又想跟他争一日之短长的人，望而却步了。

话又说回来，在旧时代里，只有那些会写大而无当，空空洞洞策论的文人，才有飞黄腾达的机会，任何艺人都处于"清客"的地位，一辈子郁郁不得志。到了新时代，艺人才被社会重视，连民间艺术界具有一技之长的人，也被政府当局发掘出来，加以培养、宣扬、鼓励、慰问，何况众望所归的齐先生。

由于中国的国际地位提高，所以代表当代中国画家的齐白石先生，一跃而成为国际新闻人物。现在齐先生荣获国际和平奖，同时，中国已经下令给他拍电影，藉广流传，这正是为国争光的大事情。这儿我们谨祝齐先生为时珍重，再过几年，当他过百岁诞辰的时候，相信更有一番热闹。

1956年9月5日

注释：

① 国际和平奖：由世界和平理事会在 1950 年起颁发，90% 左右的资金来自苏联。1991 年苏联解体后，它失去了大部分的员工、资金，目前其活动已罕有所闻。1956 年，齐白石因参与为世界和平理事会绘制的《和平颂》而获国际和平奖。

② 得其所哉：出自《孟子•万章上》。找到了合适他的地方。

③ 修文地下：指文人早死。

④ 风之积也不厚，则其负大翼也无力：出自庄子的《逍遥游》。意思是风不够大，那就没有能够承载翅膀的力量。

⑤ 为山九仞，功亏一篑：功败垂成，前功尽弃。

⑥ 三年不为礼，礼必坏；三年不为乐，乐必崩：出自《论语•阳货》。

⑦ 鹄 (gǔ) 的 (dì)：箭靶的中心，练习射击的目标。

2　东方和西方应共同存在

> 艺术和学术都没有国界,我们所欣赏的是达·芬奇的名画,米开朗基罗的雕塑,贝多芬的交响乐,不管目前意大利和德国的政治制度是偏左还是偏右。

东方是东方,西方是西方,冰碳不相投,各据天一方①。这是落后的思想,应该把它当作历史的陈迹。

东方依西方,西方靠东方,东西手携手,共日月争光,这才是最崇高的境界,值得全世界人士共同努力。

二千五六百年前,中国的大哲学家老子提出"小国寡民"的政治主张:在人口稀少的小国里,邻国相望,鸡犬之声相闻,而民不相往来。不过这种情形,在交通不便的农业社会才可以实现,一到工业社会,人事关系复杂万分,一个家庭所需要的日用品,必须各种行业的劳工替它效劳。在这时候,要谈闭关政策,简直是梦话。

在第二次大战前,世界各国的关系相当融洽。除另有企图的德意日三个轴心国家外,其他各国时相往来,大家心里没有什么芥蒂。到了战后,东西两大集团,好像楚河汉界一样,划分得一清二楚,东方集团所提倡的东西，西方集团无条件地加以反对；同样的，西方集团所主张的事情，东方集团也毫无保留地加以非难。交通工具的进步，一日千里，把空间上的距离天天缩短；可是心理作祟，也日益加深，把意识上的距离越拉越远。别的不用说，光是以寻求世界和平为它的最大任务的联合国，除拥护《人权宣言》外，有几次会议能够得到顺利的通过？

但是，科学的昌明，不容人类再有愚蠢的行动。因为现在的核子武器具无比的威力，一颗氢气弹可以不分皂白地，在几分钟内断送几百万生灵。更可怕的是，核子武器的辐射尘，像尘土一样，随风飘扬，说不定它照"回飞棒"（boomerang）的方式，有一部分飞回使用这种武器国家的本土，害人又害己，这是何苦来？

其实，东西两大集团的对立，并不是无法协调的，毛病全在人类架着有色的眼镜，没有把事实看清。例如新马工商贸易考察团最近到中国去参观，在他们没有动身前，有的人故意造谣中伤，好像不同政治制度国家的人物都是三头六臂一样，会拒人于千里之外。到了他们亲身前往考察后，他们才觉得每个主人都是彬彬有礼，殷勤招待；他们可以在极愉快的心情下，彼此大谈生意经，签订各种贸易合同；同时，他们可以找出中国的长处在哪，短处在哪。"他山之石，可以攻玉"，经常往各地考察的人，他的眼光无形中会扩大，再也不相信傲慢和偏见的人的一面之辞了。

平心而论，不同政治制度的国家，更应该想法时常接触，这样才能够打破人为的障碍、外交上的僵局。谁也知道，澳大利亚和新西兰都是标准的反共国家，可是最近他们却热烈欢迎中国民间艺术团到澳新去表演。再进一步说，中国和南美各国根本没有订立外交关系，但他们也非常欢迎中国民间艺术团到那边去献技。因为艺术和学术都没有国界，我们所欣赏的是达·芬奇的名画，米开朗基罗的雕塑，贝多芬的交响乐，不管目前意大利和德国的政治制度是偏左还是偏右。

记得十几年前，美国副总统威尔基[2]曾写了一本书，名为《天下一家》(One World)，最近印度副总统拉达克里斯南[3]在曼南发表言论，他吁请全世界的人民将自己当作世界公民，而非一个国家的国民。他说："世界形势已经发展到人民应该要有新的思想，因为各国共存是必要的，东方必须与西方携手。"中国总理周恩来也强调指出："中国人民需要朋友与一个和平的国际环境来从事社会主义建设。"这三位政治家都是读过万卷书，行过万里路的人，他们不是狭义的爱国主义者，他们也不是单纯的政治领袖，而是博学深思的哲学家。

简单说一句，东方和西方应该共同存在，这不但有事实上的需要，而且实行起来一点也不困难。只要大家明了共同存在是人类唯一的出路，那么一切无谓的争执都可以涣然冰释[4]了。

任人支配的殖民地，已成过去，单求独立也是不够，最重要的是各国互相依靠（Interdependent），而相互依靠是东方和西方共存的先决条件。

1956年10月4日

注释：

[1] 东方是东方，西方是西方，冰碳不相投，各据天一方：这是引用英国作家吉普林(Rudyard Kipling)的名句"East is East, and West is West, and never the

twain shall meet."

② 威尔基（Wendell Willkie 1892—1944）：美国共和党国际派领袖之一。1942 年他以罗斯福的特使身份，访问苏联、中国、中东及北非等国家和地区，回国后著有《天下一家》（One World）一书，提倡国际合作。

③ 拉达克里斯南（Sarvepalli Radhakrishnan 1888—1975）：印度哲学家，政治家。印度独立后，他担任印度驻苏联首任大使，以及第一任印度共和国副总统。1962 年当选为印度总统。

④ 涣然冰释：出自《老子》"涣兮若冰之将释"。意思是像冰遇热消融一般，形容疑虑、误会、隔阂等完全消除。

3　建立共同生活

> 在时局瞬息万变的环境中，我们应该培养适应的能力。所以凡在当地谋生的人士，须把当地的利益放在个人的任何利益之上，同时，在日常生活中，大家须不分畛域地打成一片。此外，在经济上我们须尽量互助合作。

到处都是原始森林的南洋群岛，经过几百年来各民族人士垦殖经营之后，现在已经成为举世瞩目的一个中心了。

在南洋群岛中，除当地原有的居民外，到处都有亚洲其他各地及西欧各国人士。在过去，西欧各国人士算是宗主国的官吏或拥有特权的头盘商，当地原有的居民，多数供给各种原料，其他外来人士，多数是做中间经纪人或劳工。虽然各地区的行政制度不尽同，但各大民族的职业分布，多少是按照上述的方式来进行。

自南洋群岛先后成为独立或者自治的国家后，政治、经济、社会、教育的形势已经完全变换。西欧各国人士，再也不能以宗主国的官吏自居了，相反的，除了少数归化为当地的籍民外，他们多数已经成为"海外官员"，随时要准备卷铺盖。虽然他们在临走前，可以领到一笔可观的遣散费。

所有外来的人士,他们的观念也有了180度的转变。过去他们以"侨居"的身份,在南洋各地谋生,到了年老力衰的时候,他们本着落叶归根的观念,多数希望回到原籍去颐养天年。

跟着各国实现独立自治之后,侨居在南洋群岛的外来人士,便须有严格的选择。他们要么归化为当地的公民,要么保留他们侨民的身份。假如他们采取前一种办法,那么他们须效忠当地政府,同时,还须积极参加当地的政治、经济、社会各种活动;假如他们采取后一种办法,那么他们仅处于外侨的地位,当地政治问题,绝对不可过问。

针对这问题,许多政治领袖曾作极坦白而又恳切的声明,希望散处南洋群岛的外来人士作最后的抉择,非此即彼,中间绝对没有商量的余地。

我们常觉得,任何生物最大的目标,在于寻求生存;要寻求生存,必须适应环境。古人的名言,"识时务者为俊杰",这儿所谓"识时务",就是"适应环境"的别名。不然,时局早已变迁,而自己还是刻舟求剑,固步自封,结果,吃大亏的是自己,而不是别人。

在文学上,我们时常看见有人将著名小说改写为剧本。当小说一改为剧本后,表现出来的必须是道地的剧本,而不再是小说了,虽然题材和故事还保留到相当程度。在生物上,每个物种都经过相当的改变,这才能够适应当时当地的环境。事实上,任何有机体的变动,为的是适应环境,而生命就是内部和外界的关系的不断调整罢了。

根据上述的分析,我们可以说,由于现实环境的演变,今后凡属于当地公民,都应该扬弃过去陈旧的观念,以便逐渐做到建立共同的文化与社会基础。

作为当地的公民,他们至少要履行几个条件:

一、不二的效忠。上月初旬,新加坡曾举行"效忠周",这无非告诉我们,凡是当地的公民,一切的一切,须以当地的种种利益为前提,国尔忘家,公尔忘私①,这才能够取得群众的信任,而信任是生存的首要条件。

二、努力学习当地语文。各族人士,除习惯运用母语外,必须努力学习当地的语文。政府曾规定将来以巫文②为国语,期限是五年之后。这期限也许太过短促,但是,要举办一件事情,要实施一种政策,不得不采取雷厉风行的手段。事实上,政府的大力提倡,配合人民的积极推动,双管齐下,将来的成绩一定很可观。

三、需要和衷共济。一般来说,在南洋群岛中,不少居民都具有经商的技能知识。他们应该本着"和衷共济"的精神,尽量给各阶层人民以种种便利。须知世间最大快乐的事情,是"与人同乐",尤其与邻里乡党同乐,不然,当邻里乡党穷得没法子维持生活的时候,你个人虽想独乐,这不但无聊无味,而且根本做不到。

总之,在时局瞬息万变的环境中,我们应该培养适应的能力。所以凡在当地谋生的人士,须把当地的利益放在个人的任何利益之上,同时,在日常生活中,大家须不分畛域地打成一片。此外,在经济上我们须尽量互助合作。

"勿以恶小而为之,勿以善小而不为",这就是建立共同生活,促进国家繁荣最好的办法。

1960 年 1 月 4 日

注释：

① 国尔忘家，公尔忘私：出自《汉书·贾谊传》。意思是为了国家忘了自己的家，为了公事忘了私事。形容一心为国为公。

② 巫文：马来文。

编者注： 新加坡是一个多语言的国家，拥有 4 种官方语言，即马来语、华语、英语和泰米尔语。基于和马来西亚的历史渊源，《新加坡宪法》明定马来语为新加坡的国语，主要是尊重当地原住民所使用的语言。由于内在和外在因素的考量，新加坡自 1965 年脱离马来西亚成为独立国后，采用英语为主要的通行语和教学语。

4　农历除夕话生活习惯

> 为着迎接可爱的新年,每个家庭必须来个大扫除,实行清洁卫生运动。接着,妇女和儿童须添置一些衣服鞋袜,家里须购买糖果食物。再进一步,往来比较密切的家庭,须趁着机会送礼物,表示敬意。诸如此类的事情,无非表示温暖的人情味。

今天是阴历的除夕,即一年的最后一天。全世界各角落,凡是有华人居住的地方,大家对这一天的重视,远过欧洲人的圣诞佳节。虽然中国自 1912 年以来,政府机关早就改用阳历,但是几千年来流传在民间的风俗仍是牢不可破。

阴历又名农历。平心而论,农历也有许多可取的地方,尤其它和农民关系的密切,谁也不能否认。

在《报孙会宗书》[①]那封著名的信札里,他说:"田家作苦。岁时伏腊,烹羊炰羔,斗酒自劳。"寥寥数语,就可以透露出农民怎样重视各种时节。

我们知道,农业社会和工业社会是两个绝对不同的典型。在农业社会里，春耕、夏耘、秋收、冬藏，一季紧接一季，丝毫也不混乱。一年的辛苦，换回春假的几天休息，这是天公地道。

为着迎接可爱的新年，每个家庭必须来个大扫除，实行清洁卫生运动。接着，妇女和儿童须添置一些衣服鞋袜，家里须购买糖果食物。再进一步，往来比较密切的家庭，须趁着机会送礼物，表示敬意。诸如此类的事情，无非表示温暖的人情味。

在从前交通不大便利的时代，除做官和经商的人需要到外地去谋生外，普通农民的活动范围不出周遭的十里外。因此，到了除夕那天，大家必须赶回家里吃年饭，一家大小，同聚一堂，这是别有一番风味。

就商场而论，做生意的人，平时免不了有人欠欠人的行为。新式的商业机构，用了最好听的名堂"信用"，其实，人欠、欠人的行为还是一样。平时对欠债的事情，大家不便开口，所以到了年终，商店必须来个大清盘，看看存货有多少，现金有多少，欠人有多少，被欠有多少，算盘一搭，天和地合。这时候，赚钱的商店，从老板到雇员，皆大欢喜。亏本的商店，老板准备裁员减薪，缩小营业范围。甚至会宣告关门大吉。

为什么旧式的商店一定要等到农历年关才来个大清算呢？原来旧式的商店多用旧式的流水账，什么账目都堆积在一起，非等年关。平时谁也不耐烦分门别类，所以要调查账目，的确很困难。

我们承认，旧式的商店也有它的特点。一来全家大小一致动员，除男人是当然的成员外，从老祖母到妈妈，从大姐到小妹，谁都要分担一部分责任。反正他们的目的在于谋生，只要开门七件事打发得过去，这生意就算站得住，用不着到人家的商店去找事情做了。

但是，旧式的商店，规模既太小，时间也很难持久。要扩大规模，持久营业，非采用新式的有限公司不行。

在有限公司里，无论注册资本、实收资本、薪金、杂费，一切的一切，都有账目可以考核。机构既健全，制度自然能成立。因此，各国大规模的有限公司，可以历二三百年还能够照旧维持下去。

从政府的立场看来，它也希望有限公司林立，因为它的账目一清二楚，使税收部门，无形中节省不少时间和精力。

我们赞成农历和新历并行不悖，因为它们各有各的好处。

在国际贸易及外交关系上，各国应该一律采用阳历，但在东方一些国家里，这种有及千年历史的风俗，不妨传承下来，使一般人民的生活更见丰富。

东方大多数的国家，是以农立国。在工业化还没有达到最高峰之前，农民还有他们说话的余地。因此，一年一度的农家乐，谁也应该欢天喜地，尽量玩乐几天。

至于商行，规模较大的固然可采用新式有限公司的组织，但资本少、市场窄的家庭商业，我们只好让它们仍照旧式的方法来进行。

这样看来，农历对于民间还是有极大的影响。难怪在这急景残年的时候，白天摩肩击毂[2]，晚上各大街市，还是灯光如昼，主妇和小孩忙着购买东西，预备过年，使大家凭添一番乐趣。

1960 年 1 月 25 日

注释：

① 《报孙会宗书》：选自《汉书·杨恽传》。是西汉的杨恽(yùn)（司马迁的外孙）写给他的朋友孙会宗的一封著名书信。信中说："种田人家劳作辛苦，一年中遇上伏日、腊月的祭祀，就烧煮羊肉烤炙羊羔，斟上一壶酒自我慰劳一番。"

② 摩肩击毂(gǔ)：毂，车轮中心，有洞可以插轴的部分，借指车轮或车。摩肩击毂指肩膀和肩膀相摩，车轮和车轮相撞。形容行人车辆往来拥挤。

5　发扬为人类服务的精神

> 现代社会关系这么复杂，较大的都市，多数是包罗世界各国的公民。无论任何人发生危急的事情，大家都有帮忙的义务，因为救灾如救火，所争的就是一分一秒的时间，稍微迟缓一会儿，就有扩大或蔓延的趋势。

在新加坡圣约翰救护机构①新总会所开幕的时候，本邦元首发表一篇演讲，赞美圣约翰救伤队一路来"为人类服务的精神"。元首说，现在比较过去更需要这样一支舍身为群的救伤队。正是圣约翰救护机构这类组织所鼓吹和实践的舍身为群的生活方式，为人类社会的前途提供了希望。

的确，爱护儿女，不但任何人都能够做得到，连冥顽不灵的动物差不多也能够有同样的表现。但是人类之所以异于普通动物，为的是他懂得推恩。孟子所谓"老吾老以及人之老，幼吾幼以及人之幼"，这两句话最能够把握住人类推恩的精神。

本来团体生活，最注重彼此互相关照。平居无事的时候，大家在一起工作和娱乐；到了发生事故的时候，大家需要充分发挥"守望相助,疾病相扶持"②的精神。这样一来,首当其冲的遇难家属,因为得到这么一点温暖人情味,不禁会鼓起勇气,继续生活下去。

圣约翰救伤队纯粹是民间的组织。它的宗旨是要发扬为人类服务的精神。它的工作多数是救死扶伤。这事情说起来似乎是轻而易举,干起来并不平凡。

在现实社会里,因为铜臭的气味太过浓厚,普通人一举手、一投足,差不多非钱莫问。尤其那些存心不良之徒,他们最高兴乘人之危,大敲竹杠,这种卑鄙的勒索行为,往往使受难的家属穷于应付。

圣约翰救伤队则不然。它的宗旨纯正,一举一动以舍身为群做南针。它的会员包括社会上各阶层的人士。他们在业余时间,接受急救(first aid)的训练,一遇社会上发生什么事情,他们便奋不顾身地为大众服务。他们工作的努力,使警政人员及政府医院减少了许多负担。

平心而论,助人为快乐之本。普通人只懂得全躯保家,一天忙到晚,从生忙到死,充其量仅使个人及其家属免于饥寒,使儿女受了相当教育;至于为人类服务的精神,却置之脑后,这是很可惜的。

这也许是由于家庭教育及社会环境的影响吧,东方一般国家的人民,囿于"明哲保身"的古训,非关个人及其亲属的事情,多数不愿意挺身而出,一来害怕人家批评他爱出风头,二来可以避免许多不易预见的横祸。因此,周遭如发生抢劫或车祸,一般人多避之唯恐不及。慢说他们不肯拔剑相助,或者执行救急,甚至要他们出来供证,把目击的经过,公诸治安当局,也是推得一干二净。这种怕事的作风,固然有社会的背景,但个人对于救死扶伤的工作,以及为人类服务的精神,没有深刻而正确的认识,却不容我们否定。

但是,这种落后而陈旧的观念,现在已经不合时宜了。现代社会关系这么复杂，较大的都市，多数是包罗世界各国的公民。无论任何人发生危急的事情，大家都有帮忙的义务，因为救灾如救火，所争的就是一分一秒的时间，稍微迟缓一会儿，就有扩大或蔓延的趋势。为着争取救急的时间，所以救伤队员，除平时加紧训练外，还须保持高度的警觉性及机动性，这样才能够充分履行他们神圣的任务。

在这一方面，欧美各先进国，比较东方国家做得更积极。因此，他们在为人类服务的修养上，有更好的表现。

本邦元首尤索夫先生，一向注重为人类服务的精神。因此，他很坦白地指出，"圣约翰救伤机构的活动，是以四海之内皆兄弟这一坚强信念及慈善为怀这一原则为基础。这种事实是人类最终必取胜于战争愚行及核子恐怖的明证"。

我们须特别提出，圣约翰救伤机构以全体人类为服务的对象，不分种族、不论宗教，这种崇高的理想，正是匡时济世的良药。它的作用，并不限于日常生活中，替东家救死，为西家扶伤，而是很恳切的希望天下一家，世界大同，使整个人类，好像一个大家庭一样，个个尝到身体健康、精神愉快的乐趣。万一有什么不幸的事情发生，它永远会伸出同情之手，给受难者帮忙。

因为我们敬佩圣约翰救伤机构的服务精神，所以我们希望它的事业蒸蒸日上，使人类遍受它的实惠。

1960 年 7 月 25 日

注释：

① 圣约翰救护机构（St. John Ambulance）：是一个起源于英国的国际性慈善救援组织，设有圣约翰救伤会，负责训练课程及教学；圣约翰救伤队执行急救、护理及有关服务。

② 守望相助，疾病相扶持：出自《孟子·滕文公上》，"出入相友，守望相助，疾病相扶持"。

6　从越南摄影展览会说起

> 由于越南摄影展览会的成功，我们很希望新马的艺术界人士，积极组织观光团，到处访问，参观展览，吸收人家的精华，化为自己的血液。这是发展和创新文化必经的康庄大道。

最近越南男女篮球队、象棋队、摄影组一行四十多人，联翩惠临新加坡。除篮球比赛、象棋比赛迭志报端①外，摄影展览会，已经在新加坡精武体育会及东南亚摄影学会联合主持下，在中华总商会举行。

过去两天内，新马人士前往参观越南摄影展览会的，络绎不绝。大家对于越南的全部作品固然有良好的印象，对于陈芳渠、陈应励二氏的杰作，更是有口皆碑。他们的取景，匠心独运，线条既明显，重点又突出，加以暗房工夫相当到家，有些照片是由两三组的底片很精细地剪接配合成功，天衣无缝，落落大方，无论气魄和神韵，都值得人低徊流连而舍不得离开。

越南本来是鱼米之乡，一般人民生活无忧，所以他们可以悠哉游哉从事艺术的素养。虽然在法国殖民地时代，许多意想不到的人为障碍，使越南人士不能够按照固定的目标迈进，但是他们间接地受到法国艺术的影响，也不容我们否认。

战后越南百废待举。经过多年的努力后，越南人士终于开辟出一条新的途径。

这几年来，他们突飞猛进，所出的作品，一再在国际摄影沙龙里，获得好评，其中有些作品，到处都得到奖章。然而他们不以目前的成就而心满意足，相反的，他们是虚怀若谷的，到处结交良师益友，藉收集思广益之效。

从这次越南摄影展览会里，我们可以得到几种启示。

第一，任何艺术或学术，都是心血的结晶品。先进的国家固然不要妄自尊大，后进的国家也不应该妄自菲薄。换句话说，谁肯继续不断地努力，谁就有操胜券的希望。

越南摄影的艺术，发展较迟，而且障碍重重，不易自由发挥。但是，自有心人冲出藩篱后，他们便左右逢源，怡然自得。那种乐趣，是从事艺术的人应得的报酬，摄影艺术自不会例外。

第二，这次越南摄影展览会，华人和越人的作品兼收并蓄。彼此只有互相帮忙，绝对不会互相妒忌；彼此只有互相切磋，绝对不会互相指责。老实说，华人和越人虽有肤色种族的一些小歧异，但他们效忠的对象极一致，合作的精神更值得人称道。

平心而论，华人和越人固然能同心协力，新马的各种族人士也搞得水乳交融，假如他们不整齐步伐，朝着共同的目标进军，恐怕越南及新马，到如今还处于瘴雨蛮烟的境地，根本谈不到独立与自治，更谈不到艺术与文化了。

第三，摄影展览会的作品，大多数是反映越南人民的生活及自然的景物。越南以农立国,所以农民和渔民的生活状态,最先触到观众的眼帘。越南虽不出产胡姬,但它的奇花异卉之多,实在使人应接不暇。它如盐场的盐堆积如山,沙漠之友独行踽踽[2],也不是久居大都市的人所能领略得到。至于越南少女的袅娜多姿,服装的飘飘欲仙,一看就使人异口同声地说,这是美的象征。诸如此类的镜头,充分表现一个国家的人物、景物、风俗、习惯。一个人如能够时常参观这一类的展览会,他的胸襟无形中会扩大,不会关了门,称孤道寡,把人家的成就一笔抹杀了。

由于越南摄影展览会的成功,我们很希望新马的艺术界人士,积极组织观光团,到处访问,参观展览,吸收人家的精华,化为自己的血液。这是发展和创新文化必经的康庄大道。

记得几年前,英国驻东南亚最高专员麦唐纳(Malcolm MacDonald),曾经积极鼓励新加坡四位画家[3]到印尼去参观。两个月的行程,使他们有惊人的收获。回新之后,他们还开了一次展览会,给观众开开眼界。

这几年来,大家都忙于经济建设工作,对于出国观光的事情,反而松弛下来,这是个遗憾。

我们希望文化部起来提倡出国观光事宜,虽然在没有出国前,对于人才及作品的选择,须下一番功夫,只有代表人物及其作品,才拿出来问世,这才收到出国观光的实效。

1960 年 8 月 10 日

注释:

[1] 迭(dié)志报端:屡次记载在报纸上。

② 踽踽 (jǔjǔ)：孤独的样子。出自《诗经·唐风·杕(dì)杜》，"独行踽踽，岂无他人，不如我同父"。后用"踽踽独行"形容一个人孤单地独自走路。

③ 四位画家：指刘抗，陈文希，钟四宾和陈宗瑞。他们于1952年到印尼巴厘岛写生，后来举办了一次联展，其作品奠定了南洋画派的基础。

编者注：连士升认为虚心学习和互相观摩是发展和创新文化正确的道路。他常以《论语·述而》的"三人行，必有我师焉；择其善者而从之，其不善者而改之"来勉励后进。

7　新加坡文化代表团的收获

> 外国的艺术和本国的艺术发生了很密切的联系，一经消化、吸收、陶冶等步骤，本国的艺术将日渐丰富，同时，外国的艺术家受了我们的刺激后，他们也会急起直追，向我们虚心学习，因而增进两国之间的了解。

本邦①赴沙捞越地区文化代表团，日来在古晋布洛克大厦公演，获得辉煌的成就。参观群众的踊跃，造成一个新纪录。

文化代表团的主要节目为中国歌舞、马来歌舞、印度歌舞。这刚好代表本邦三大民族的传统文化精华。至于青年钢琴家李金星的演奏，也是得心应手，非常纯熟。

年来从我们的邻邦到此地来献技的艺人颇多，如菲律宾歌舞团、印尼歌舞团、越南摄影展览会。这些艺术团体的表演，给我们带来新刺激、新作风。演完之后，大家还是念念不忘。

同样的，这次我们的文化团体到沙捞越地区去表演，也是把本邦的艺术种子传播给我们的友邦。因此，沙捞越艺术协会主席克洛才很坦白地说："这次的访问，将使古晋人民在一甚长的时间内，还有深刻的印象。"

原来艺术是人类的第二生命。一个人在谋生的余暇,他就想法娱乐。当太古时代,乐器还没有发达,但一般人民于茶余饭后,仍懂得鼓腹而歌。"日出而作,日入而息,凿井而饮,耕田而食。帝力于我何有哉"[2]!这些歌词虽然非常质朴敦厚,但它们却充分流露一般人民的天真情感。

等到社会比较进步,乐器比较发达,于是擅长诗歌的专家,便到处采风问俗,将民歌加以整理编订,成为一部完整的《诗经》。由于人类的艺术爱好,所以当他们引吭高歌的时候,他们就不知不觉地"手之,舞之,足之,蹈之"。

由诗歌引起舞蹈,由舞蹈更促进诗歌。到了民间的诗歌舞蹈风行一时,宫廷才开始注意。宫廷有钱有势,它可以大规模地征聘第一流的艺人,它也可以极豪奢地从事各种设备。美中不足的,宫廷的诗歌舞蹈多少带着歌功颂德的成分,缺少前进的革新精神。

须知艺术的生命完全在于创造,没有创造,仅有模仿,艺术等于死亡。宫廷的艺术家们屈于帝王的淫威,他们只好奉意承意,缺乏前进的革新精神,所以艺术一到宫廷,等于宣判死刑,而真正从事创造艺术的人,不得不求自民间。

这是一个循环。艺术起于民间,到了登峰造极的时候,才被宫廷赏识,从此成为定型。艺术一成为定型,这就是变相的八股,仅有躯壳,没有灵魂,所以真正爱好艺术的人,又要从民间着手。

除民间外,艺术团体到外国访问,这也是丰富艺术生命的一个办法。

一批很有素养的艺术人才,当他们到外国去访问的时候,他们在很短的时间内,马上会发觉人家的特长。只因他们训练有素,所以他们能够吸收人家的精华，化为自己的血液。此外，外国的艺术和本国的艺术发生了很密切的联系，一经消化、吸收、陶冶等步骤，本国的艺术将日渐丰富，同时，外国的艺术家受了我们的刺激后，他们也会急起直追，向我们虚心学习，以此增进两国之间的了解。

新加坡和沙捞越，算是兄弟之邦。我们通用同一货币。我们的文官制度、风俗习惯，也是大同小异。虽然过去彼此没有时常往来，但是隐藏大家心里的浓厚友谊，绝不是外物所能隔绝的。用本邦文化访问团团长布旺的话来说："从我们经验，发现肤色、宗教、文化和其他不同的问题，都不能阻碍我们努力寻求团结。"事实上，通过文化的交流，才能够促进兄弟之邦的大团结。

我们一向反对军备竞赛，但我们却一心一德地赞成艺术的观摩。军备的比赛是十分残忍的，而且它的对象是以毁灭亿万人，甚至毁灭整个人类为它最大的鹄的。艺术的观摩，只会促进友谊，增加快感，充实人生的意义。因此，对于本邦艺术团出国，我们固然寄予莫大的期望，对于外国艺术团体莅临本邦，我们也非常欢迎。

沙捞越访问团，这是本邦派出艺术团体的第一遭。我们希望文化部今后对于这事情予以大力支持，使本邦许多优秀人才，得时常出国，除表演我们的一切绝技外，还可以尽量吸收人家的特长，同时，更可促进两邦政府和人民的相互了解。

1962 年 4 月 28 日

注释：

① 本邦：新加坡于 1959 年脱离英国的管辖成为自治邦，本邦是指新加坡自治邦。1963 年新加坡是马来西亚联邦的成员，于 1965 年才成为独立自主的国家。

② 日出而作，日入而息，凿井而饮，耕田而食。帝力于我何有哉！：出自先秦的《击壤歌》。意思是白天出门辛勤地工作，太阳落山了便回家去休息，凿井取水便可以解渴，在田里劳作就可以过上自给自足的生活。这样的生活多么惬意，皇帝的权力我也不稀罕！

8　报纸的用字问题

> 文字是有生命的，文字是属于大众的。谁能够运用大众所完全了解和欣赏的文字，谁就会得到广大读者的大力支持。

报纸是人民的精神粮食，它的重要性和饮食很相近。在文化教育水准很高的国家里，一般人宁愿少喝一杯咖啡，不愿少看一份报纸。例如英国，全国人口达五千万人，全国报纸销路的总量也达五千万份；平均每人有一份。只因报业发达，所以一般英国人的常识非常丰富。除了对生人要保持一些距离外，对于熟人，他们就上天下地，无所不谈，而他们常识的来源，离不开报纸。

为了使报纸普遍化，能够深入民间，所以报纸的文字，必须力求通俗，不但使大家看得懂，而且使大家看得津津有味。不然，谁也不肯花钱去看报纸。到了销路下跌的时候，广告也跟着走下坡，届时报馆只有关门大吉一条路。

谈到报纸的用字，这是最引起人们争执的问题。最近香港召开东南亚报业会议，各报的代表，对于这问题曾展开热烈的讨论。虽然因政治关系，中国各地没有派代表参加，但是海外各报多数都派人出席。

在过去，华文小学课本所用的生字，平均为3500字至4000字。战后形势转变，同时，大家对于用字问题有了新的认识，所以新编的小学课本，平均为2500字。

至于报馆，普通把字粒①分为两种，常用字为1753字，罕用字为7416字，其中罕用字，多是备而无用，实际上只用3000字。这次香港的报业会议，决定采用2600字，这和战后各地新编的小学课本的字数颇相近，可以说是明智的抉择。

当这个问题被提出的时候，一些顽固派难免要摇头叹息，说中华文化将从此没落。其实，这种冬烘②的观念，实在不值得一驳。因为文字的功用，并不在生字的多少，而在词句和成语的丰富。你瞧，数目字仅有10个号码，可是这10个号码，可变成无穷无尽的天文数字。同样的，英文仅有26个字母，可是这26个字母，可变成几十万生字。再进一步说，2600个生字，假如懂得自由运用，那么你就不难学到几万个词句和成语。问题仅在你肯学和不肯学罢了。

一般精通西文的人，都说英文的词汇非常丰富，可是真正著名的作家，并不以词汇丰富来表示他们的渊博。相反的，他们的特长，仅在于运用最适当的词汇来表情达意罢了。

由于人事的复杂，时间的迫促，世界各国报纸的文字，都由复杂变简单，由艰深变平易。英国语文专家傅勒兄弟（H.W. Fowler and F.G. Fowler）在他们合著的《标准英文》（The King's English）里提出几点，可以值得我们仔细考虑。（一）惯用字优于牵强附会的字；（二）具体字优于抽象字；（三）单字优于迂回曲折的字；（四）短字优于长字；（五）撒克逊字优于罗马字③。

当五四运动时期，陈独秀、胡适、钱玄同等人提倡采用白话文，当时的保守派说白话文是引车卖浆人的文字，难登大雅之堂。针对这问题，胡适曾说："白话不但不鄙俗，而且甚优美适用；白话并非文言之退化，乃是文言之进化。"又说："与其用三千年前之死字，不如用二十世纪的活字。"钱玄同也说："司马迁做《史记》，采用《尚书》，一定要改去原来的古语，做汉人通用的文章。"这儿我们须牢记住一点，文字是活的，有生命的，那些和生活无关的没有生命的死字，让它们被送到博物馆里，给后代的考古专家慢慢研究。

还有一层，我们之所以赞成报纸的用字，仅限2600字，因为这对排字工友的效率将大大提高，甚至有办法制造机器，像西文的打字机一样，一打便得，用不着慢吞吞地一个字一个字去捡。到了那时，报纸的出版时间更会提前，给读者以莫大的便利。

话又说回来，报纸的用字固然应该力求通俗，但这不妨碍汉学专家费了毕生精力去研究或写作骈四俪六④典雅的文字，或声调铿锵优美的古文。好像普通人民所要求是物美价廉的米饭和面包，但这并不妨碍上等酒楼调制的山珍海错。

文字是有生命的，文字是属于大众的。谁能够运用大众所完全了解和欣赏的文字，谁就会得到广大读者的大力支持。

1966年10月11日

注释：

① 字粒：活字的俗称。在没有计算机的时代，要将记者的手稿变成报纸上的白纸黑字，要经过相当费时的工序。首先，熟练的排字工人，得根据文稿，从排字房架上所陈列的几百万枚以铅铸造的字粒中一个个找出来，按次序排好，跟着还要布局、制版，才能印刷。

② 冬烘：胡涂、迂腐。唐宣宗时，郑熏主持科举考试，误以为颜标是鲁公（颜真卿）的后代，把他取为状元。当时有人作诗嘲笑："主司头脑太冬烘，错认颜

标作鲁公。"

③ 撒克逊字优于罗马字（Prefer the Saxon word to the Romance）：基本上撒克逊字较短、较具体。譬如"咀嚼""购买""询问"，相应的撒克逊字分别是"chew""buy"及"ask"；而相应的罗马字则是"masticate""purchase"及"inquire"。

④ 骈四俪六：出自唐代柳宗元的《乞巧文》，"骈四俪六，锦心绣口"。骈 (pián)，并列、对偶；俪，成双、成对。指多用四字、六字句对偶排比的骈体文。

编者注：根据世界报业与新闻工作者协会（World Association of Newspapers and News Publishers）及国际审计发行量联合会（International Federation of Audit Bureaux of Circulations）于 2013 年发表的资料，全球报纸的销售量以日本为首，第二位是美国，第三位中国，第四位印度，第五位德国。但是，由于网络和电子媒介的挑战，各国的报纸销量都在下滑。

9　报纸的翻译问题

> 创作的困难,因为难找题材,可是在文字的运用上,作者仅写他最熟悉的东西。翻译虽有原文供给资料,可是里边所提供的资料,并不一定是译者所完全了解的东西。除了多学、多问,而且特别小心外,实在没有第二条路。

人类发明机器,机器又控制人类。用人来管人,还有一点伸缩性;用机器来控制人类,丝毫没有商量的余地。你瞧,各大报所设备的几架电传打字机,一天到晚轧轧地响个不停。这些稿件,每天都堆积如山。虽然富有经验的编辑能够在最短时间内,整理出一点头绪,把各种电报分门别类,提要钩玄,然后交给各位翻译员去翻译;虽然老练的翻译员能够以手挥六弦,目送飞鸿的姿态,一面看原稿,一面手不停地挥笔翻译,但是因为时间过分迫促,难免忙中有错。

谈到翻译,一代翻译家严复[①]曾在他所译的《天演论》里标榜"信、雅、达"三大条件。报纸是通俗读物,"雅"字暂且不谈,但翻译至少要做到"信"和"达"。

所谓"信"是指译者须完全了解原文,一点也不可以曲解和误解。这话说说似乎不困难，但认真做起来，实在不大容易。因为译者不但要精通原文，而且须具备高度的常识，可是原文的词汇不断地在增加，知识的领域又天天在扩大，"吾生也有涯，而知也无涯"，我们相信许多译者面对着电报传来的新事件、新发明的时候，难免要搜索枯肠，搔首踌躇。

各通讯社的电报都用英文，有时里边却夹杂其他各国文字的名词和成语。可是一般翻译员能够通达三种语文的已经不多，三种以上的更不必说了。在这当儿，除了参考各种字典和辞典外，最好是请教其他同事，千万不可随意猜测，敷衍了事。

孔子说得好："知之为知之，不知为不知，是知也。"这种博学、审问、慎思、明辨、笃行的求知精神[②]，是中华文化最值得人夸耀的精神。须知人非万能，不懂的事物向人请教，一点也不羞耻。

所谓"达"是指译文能够使读者看得懂，不然，生吞活剥地把文字弄得佶屈聱牙[③]，读者根本不知道译者在说什么，这可以说是失败。

基本的态度已经有所认识，现在让我们进一步，谈谈一些具体问题。

各通讯社既然报导新事件、新发明，里边难免要掺杂许多初次见到的人名、地名、专门名词。为着争取时间，各报的翻译员拿起笔来就译。因此，克鲁雪夫、赫鲁晓夫(Khrushchev)、肯尼迪、甘迺迪(Kennedy)、艾森豪威尔、艾森霍(Eisenhower)、马绍尔、马歇尔(Marshall)，每个名字，各报的译文不同。为着维持报馆的尊严，谁也不肯迁就别人。针对这问题，政府的新闻处应该定期请各报派专人参加讨论会，把近期内所遇到的新人名、地名，以及其他专门名词聚集起来，经过详细讨论后，然后折衷于一是，以后便成为标准译名。这种办法并不困难，例如新加坡总统的译名，本来各报各有不同的译法，现在由政府规定为尤索夫，这是多么文雅漂亮。

文字是活的，是有生命的。常用的词汇，意深义长，而且也是家喻户晓。例如 Percent 一字，南洋各地多是华洋杂处，所以大家很少说"百分之几"，而说"几巴仙"。又如 Modern 一字，现在大家都采用音义兼顾的"摩登"，很少用"时髦"或"时尚"。Bazaar 一字，中国内地叫"市场"、中国香港叫"街市"，新马干脆用音译的"巴刹"，这是多么响亮！它如"多隆"（马来语 tolong，请求）、"隆邦"（马来语 tompang，顺风车）、"须古"（马来语 suku，四分之一），凡是在新马住上一段时间的人，可以说是无人不知，无人不晓。许多和新事物、新发明有关的专门名词，第一次多少看不惯，第二次、第三次就看惯了。到了看惯用惯之后，语文专家便来审定，归纳为许多定型的解释了。

创作困难，翻译也不容易。创作的困难，因为难找题材，可是在文字的运用上，作者仅写他最熟悉的东西。翻译虽有原文供给资料，可是里边所提供的资料，并不一定是译者所完全了解的东西。除了多学、多问，而且特别小心外，实在没有第二条路。

写到这儿，只见电传打字机室里的几架打字机轧轧地响个不停。面对这些源源不绝的电报，将来在文字更简化，通俗化之后，只好用电脑来翻译。至于严复所说，有时翻译一个名词，需要用一两个星期的功夫去推敲，这事情只好让有闲阶级去干，没有一间报馆的翻译员能够做得到。

1966 年 10 月 13 日

注释：

① 严复（1854—1921）：福建侯官人（今福州市）。中国近代启蒙思想家、翻译家。严复系统地将西方的社会学、政治学、政治经济学、哲学和自然科学介绍到中国，他翻译了《天演论》《原富》《群学肄言》《群己权界论》《社会通诠》《法意》《名学浅说》《穆勒名学》等著作。他的译著在当时影响巨大，是中国20世纪最重要的启蒙译著。

② 博学、审问、慎思、明辨、笃行：《中庸》二十章谈到为学的几个层次。

③ 佶屈聱牙：佶(jí)屈，曲折，不顺畅；聱(áo)牙，拗嘴，不顺口。形容文字艰涩生僻、拗口难懂。在写作文中也可以指语句不通畅，错别字多，让人读不懂。

编者注： 电脑翻译的梦想早已实现。但翻译是专门学问，不容易被机器取代。

10　文献的搜集和保藏

> 新马原是偏重农业、矿业、商业的国家，工业到现在才开始起步。因此，有关过去百年间，当地的实业家惨淡经营的历史资料，也值得我们搜集、保藏、研究、撰述。

新马都是新兴的国家。新兴的国家，什么事情都要从头做起，连文献的搜集与保藏也没有例外。

新马有史以前的资料不必说，光是百年前，五十年前，甚至三十年前的资料，到如今也是很难找。因此研究新马的历史学者专家，往往要搜索枯肠，觉得很难下笔。

历史不是小说，可以任意捏造或虚构的。它必须字字很有根据，语语有出处，不然，这就不算做"信史"，仅能算是"野史"。"野史"也许可以提供茶余饭后的谈资，不过谁也不把它当作信而有征的实录。假如史料根本不可靠，那么根据这种错误的史料来发挥的"史论"，难免有文不对题，或者牛头不对马嘴的毛病。

孔子是个脚踏实地的学者。他曾说："夏礼吾能言之，杞不足征也；殷礼吾能言之，宋不足征也。文献不足故也。足，则吾能征之矣。"[①] 的确，历史必须根据资料，"没有资料就没有历史"，这话一点也不错。

一般人对于资料是不感兴趣的,他们对于任何文献,除了极重要的契约外,多是随看随丢,至多保藏相当时期,到了搬家或清盘的时候,便把它们一股脑儿扔在垃圾桶里。等到将来有人要找寻原有资料的时候,正如海底捞针,徒劳无功。

我们细心考察世界文明古国,知道它们对于资料的搜集和保藏,曾煞费心机。百年前的资料不说,就是一两千年的文献,仍能够金瓯无缺②地被尽量保留下来。就英国而论,它在文化的发展上,算是后进的国家,可是它的公私集团,以及各文化教育机构,对于古代文物的搜集和保藏,也远非它的从前殖民地所能望其项背。别的不用说,近代英国最著名的政治家兼文豪丘吉尔,他的家族是世代簪缨③,历代要人所遗留下来的日记、信件、备忘录,都可以保留到一二百年之久。这些家乘④,是由有关的亲戚朋友组织了一个"信托部"来保管的。事前非得到"信托部"的允许,连至亲的儿子和孙子,也不可以随便动用,这儿看见英国人对文献的重视。

看看人家,想想自己,新马人士对于搜集和保留文献的观念,应该有进一步的认识。

我们主张新马的国家图书馆和博物馆,应该展开搜集和保藏文献的运动。这儿有不少历史悠久的社团和家庭,它们所遗留下来的纪录,数量相当可观。假如政府机构,或几间大学图书馆的负责人,出面向民间征求书籍和富有历史性的纪录,相信他们的努力一定有所收获。

话又说回来,搜集资料固然困难,保藏资料也不容易。首先,我们必须有坚固的建筑物,像从前那些因陋就简的木屋,现在早已不适用。此外,所有书架和柜子,必须用钢材,才不至于在火患中付之一炬。在可能的范围内，必须有冷气设备，这样一来，室内的湿度不会太高，使所有的资料能够保存得较长久。

其次，我们才谈到分类保藏的问题。过去的东方人仅知道做流水账，什么东西都记在一起，等到要考查的时候，必须从头翻起，有时翻到头昏脑胀，还是毫无结果。

现在所有图书馆、银行、保险公司，甚至政府属下各部门，都采用索引的方法。每一项目都用卡片来填写，同时，还注意到"相互对照"（Cross Reference）的办法。再进一步，它们还运用电子计算机，以节省时间和精力。

假如上述的工作能够顺利进行，以后的历史学家无论要研究新马的任何问题，都不怕有"巧妇难为无米之炊"的困难了。

顺便要提出一个新观念。过去一般人对历史的观念，仅限于政治史。直到最近百年来，欧美各国的学者，才开始注意到经济史、社会史、教育史、文化史、艺术史。只因观念改变，范围扩大，所以今后所注意的文献并不限于政治人物。

事实上，新马原是偏重农业、矿业、商业的国家，工业到现在才开始起步。因此，有关过去百年间，当地的实业家惨淡经营的历史资料，也值得我们搜集、保藏、研究、撰述。这事情，美国哈佛大学商业管理研究院早已注意，并且出版了许多专门著作，值得我们借鉴。

在文献的搜集和保藏上，新马不消说比较许多先进国家慢走一步。但是现在我们如肯立志在这方面痛下功夫，仍未为晚。至少使我们下一代的历史学家在研究新马各种问题的时候，比较我们方便得多。

1968年7月4日

注释：

① 夏礼吾能言之，杞不足征也；殷礼吾能言之，宋不足征也。文献不足故也。足，则吾能征之矣：出自《论语》八佾(yì)篇第三。意思是说："夏朝的礼，我能说出来，（但是它的后代）杞国不足以证明我的话；殷朝的礼，我能说出来，（但它的后代）宋国不足以证明我的话。这都是由于文字资料和熟悉夏礼和殷礼的人不足的缘故。如果足够的话，我就可以得到证明了。"

② 金瓯无缺：金瓯(ōu)，盛酒器，比喻国土。金瓯无缺比喻国土完整。

③ 簪(zān)缨(yīng)：指世代做官的人家。

④ 家乘：家事的记录。

11 多彩多姿的青年节

> 今后的学生,须体力和脑力并重。一面要锻炼健全的体魄,一面要培养专门的技能。双管齐下,缺一不可。这样一来,在青年时代已经培养平衡发展的基础,以后随着年岁的增加,学问和经验与日俱增,而壮健的身体也能够维持长久的战斗力,这才能够负起大时代所赋予的任务。

青年,你们是人类的春天。当大地回春的时候,一切生物都欣欣向荣。你们表现人类的生活力,具备充沛的生活力,任何艰苦困难的事情,都可以办得很成功。

为着庆祝一年一度的青年节,政府当局对于这个重大的日子非常注意。从今年二月起,各学校已经开始罗致师资,遴选代表,每周指定课外时间,从事严格的训练。当训练告一段落的时候,又开始按照地区,做挑选的工作;表现较差的学校被淘汰,只有少数出类拔萃的学校被选为代表。接着,又举行预演。当预演那天,不巧大雨滂沱而下,在场的全体学生,以及数以万计的观众,都屹立不动,让原定的节目,有条不紊地演完。这种刚毅坚决的精神,使一般观众大受感动,认为我们的国家很有前途。

从七月二十八日起,青年节举行一周表演的节目。这些节目是分别在国家剧场、维多利亚剧院、惹兰勿刹体育场[1]等地方举行。就前晚在国家剧场的成绩而论,时间未到,早已人山人海地使整个剧场没有虚席。舞台上的布景、灯光、配音,都恰到好处。到了节目开始之后,各校的演员都表现得非常愉快,每个人都尽了自己的任务,同时,又能够和其他演员密切合作,造成一股和谐的气氛。当一个节目演完之后,第二个节目赶紧接上,从来不脱节。偶尔在更换节目的时候,需要多几分钟来准备,聪明的节目主持人,就充分利用这机会,用巫语[2]、华语、英语、印语,来宣布下几个节目,免得舞台上有冷场的感觉。到了每半场完结的时候,导演就让参加表演的全体演员,再度和观众见面,博得全场掌声雷动。

我们知道这半年来,各校为着准备参加这个动人的青年节,无论教师或学生,都需要费更多的时间、金钱、精力。虽然参加比赛的每个单位不见得都被录取,但大家仍是兴高采烈地继续参加,直到青年节结束后,才算完成任务。

针对这次青年节的大成功,我们倒有很多感想。

第一,平衡的发展。过去学校的毛病,就是把功课和课外活动完全分开。有些学生拼命地读书,对于课外活动丝毫没有兴趣。他们的成绩也许会超越同班的同学,但是身体早已弄坏,整天精神不振,昏昏欲睡,时常要靠药物来维持健康。到了离校后,文凭和奖状也许拿了一大堆,无奈力不从心,要担任比较繁重的职务,大有心有余而力不足的感觉。

另一方面，那些爱好课外活动的同学，夜以继日地从事各种活动，只顾兴趣，不问功课。结果，到了考试揭晓后，才知道名落孙山，以后升学既不能，求职又苦无机会，风尘潦倒，一事无成，要后悔也来不及了。

今后的学生，须体力和脑力并重。一面要锻炼健全的体魄，一面要培养专门的技能。双管齐下，缺一不可。这样一来，在青年时代已经培养平衡发展的基础，以后随着年岁的增加，学问和经验与日俱增，而壮健的身体也能够维持长久的战斗力，这才能够负起大时代所赋予的任务。

第二，运动家的精神。所谓运动家的精神，即闻胜不骄，闻败不馁，大家充分发挥密切合作的精神。尤其重要的是"公道"（Fair Play），谁都要打起堂堂之阵，正正之旗，绝不会做狡猾的事情。

另一方面，每个大城市最大的戏院所演奏的，大多数是歌剧。歌剧的前台和后台，多达百人以上，从主角到配角，从服装到效果，从灯光到配音，每个单位都拥有一批专家。虽然每个单位的专家都有极强烈的个性，但是为着顾全大局，大家只好求同存异。到了评判员或导演下个最后决定的时候，谁也不应该以榜上无名，或者所派的是次要的地位，因而和评判员或导演闹翻。因为这种行为是属于拆台的性质，稍微有素养的人，必须以大局为重，绝对不斤斤计较个人暂时的得失。

假如每个参加青年节的学生，在欣赏载歌载舞的丰富节目之后，能够认清这两点：一面从事平衡的发展，一面培养运动家的精神，那么他们将有极正确的人生观。扩而充之，真正可达到天下一家，世界大同的最高境界，至少可以使国家置于磐石之上，长享道不拾遗、夜无盗贼的快乐日子。

1968 年 7 月 30 日

注释：

① 惹兰勿刹体育场（Jalan Besar Stadium）：位于新加坡加冷区的体育场，能容纳 8000 人。在新加坡国家体育场建造期间，曾是新加坡举办足球赛的主要场地。

② 巫语：指马来语。

编者注： 新加坡青年节是定在每年 7 月的第一个星期天，因此日期会更动。由于这天是星期天，隔天星期一也会是学校假期。

12　新加坡应集希腊和瑞士的大成

> 我们不怕小国寡民，我们最怕自己没有志气，不够努力。今后的新加坡，应该集古代的希腊和当代的瑞士的大成。在体格锻炼上，师法斯巴达；在学术的培养上，追踪雅典；在生活安定上，紧随瑞士。

在欧洲历史上，凡是谈文明古国的人，没有一个不推崇希腊。在现代欧洲各国里，凡是谈生活安定的人，没有一个不羡慕瑞士。这事情已经成为定论，谁也没法子否认。

古代的希腊对外虽然同仇敌忾，对内却分为两邦，即斯巴达和雅典。这两邦的文物制度，各走极端。用70年前的中国维新志士梁启超的话来说："斯巴达主干涉，雅典主自由；斯巴达重阶级，雅典重平等；斯巴达善保守，雅典善攻进；斯巴达右武，雅典右文；斯巴达贵刻苦，雅典贵乐利。"[①] 往坏里说，这两种截然相反的态度，使国力削弱；往好里说，二者如能合作，正是截长补短，各蒙其利。

年来新加坡政府尽力倡导"刚强勇猛"的社会，这完全效法斯巴达的精神。斯巴达人崇尚体育，个个都是雄赳赳，气昂昂，具备大丈夫的气概。他们宁愿流血，绝不会流泪。他们面临大敌的时候，往往会盛装美饰,和乐融融,什么叫作畏缩,什么叫作开小差,这在斯巴达的字典里,永远找不到。

至于雅典,它是尊重学术自由的所在。只因尊重学术自由,所以百花齐放,百家争鸣。在诗歌上,荷马成为万世不祧之祖②。他的两部史诗——《伊利亚特》和《奥德赛》——几乎家喻户晓,个个熟读成诵,好像宋朝"有井水处,皆歌柳词"一样。在哲学上,苏格拉底、柏拉图、亚里士多德,到如今,还受全世界的哲人馨香膜拜。在史学上,希罗多德(Herodotus)无疑地是最大的权威。在戏剧上,那三位名作家——埃斯库罗斯(Aeschylus)、索福克勒斯(Sophocles)、欧里庇得斯(Euripides)——无形中成为千年万代的偶像。

话又说回来,搞体育比较容易,谈学术却相当困难。在体育上,五年可以有小就,十年可以期大成。学术的造诣却需长期的培养。古人所谓"十年树木,百年树人",这充分说明,在学术上如想有辉煌灿烂的成就,这起码是百年大计。

年来新加坡政府对于教育非常重视。儿童一到七岁,必须上学,相信新生这一代,再也不会有文盲。在提高那方面,新大和南大,并驾齐驱,彼此互相提携。只要经费有着落,图书和仪器天天增加,相信各位教授和讲师,迟早将有突出的表现。

在民间,医学会、科学研究会创办于前,艺术总会即将成立于后。它如南洋学会、中国学会、新社等学术团体,也以渴骥奔泉的态度,力争上游。只要假以时日,积少成多,新加坡在国际学术界、艺术界,将有一定的贡献。

谈到瑞士,它是欧洲自由主义的摇篮,它也是欧洲多元民族相处得最融洽的一个国家。当19世纪和20世纪初期,欧洲各国的亡命客,都以瑞士为逋逃薮③。他们在本国备受政治迫害,经济贫乏之后，一到瑞士，正是如鱼得水，别有天地。

由于政治昌明，行政效率提高，币值十分稳定，所以各国富商巨贾，达官显宦的私蓄都储藏在瑞士的银行。这样一来，瑞士的旅游业发达异常。各地游客，在饱看湖光山色，在亲尝美酒佳肴之后，至少要买几款名贵的手表，几盒甜美的巧克力，分赠亲友，而瑞士的精细机械制造品，也是各国追求的对象。

新加坡是东南亚这个地区里最安定的国家。四大民族，和平相处，这一点可以媲美瑞士。在工业上，我们才开步走，比起瑞士来，还有一段距离；但是，新加坡的港务局已经高居全世界第四位，这一点瑞士是望尘莫及。若论银行、保险、运输行业，新加坡服务的成绩，正是有口皆碑。

年来新加坡敞开大门，一面欢迎各地的殷商到这儿来投资，让他们可以永久居留；一面邀请各国专家到这儿来当顾问。双管齐下，迟早会造成人文荟萃，资金集中，货币稳定的新局面。

我们不怕小国寡民，我们最怕自己没有志气，不够努力。今后的新加坡，应该集古代的希腊和当代的瑞士的大成。在体格锻炼上，师法斯巴达；在学术的培养上，追踪雅典；在生活安定上，紧随瑞士。"四美具，二难并"[4]。无论中外古今，只有亲切体会集大成的人，才有资格戴上桂冠。

1970 年 1 月 20 日

注释：

① 斯巴达主干涉，雅典主自由；斯巴达重阶级，雅典重平等；斯巴达善保守，雅典善攻进；斯巴达右武，雅典右文；斯巴达贵刻苦，雅典贵乐利：出自梁启超

《雅典小史》。

② 万世不祧(tiāo)之祖：不祧，古代帝王的宗庙分家庙和远祖庙，远祖庙称祧。家庙中的神主，除始祖外，凡辈分远的要依次迁入祧庙中合祭；永不迁移的叫作"不祧"。万世不祧之祖指万代都受人尊崇的人。

③ 逋(bū)逃(táo)薮(sǒu)：罪犯逃亡时躲藏的巢窟。

④ 四美具，二难并：出自唐代诗人王勃的《滕王阁序》。四美指良辰、美景、赏心、乐事，这四种美好的事物都已经齐备；另两个难得的条件，即贤主和嘉宾也聚合在一起。指一切必备的条件已经齐全。

13　文化部与艺术总会

> 今年艺术总会的国庆美展，在文化部的大力支持下，已经达到初步的成功。假如明年能够加倍努力，预先广约亚细安有关国家的艺术家源源惠赐作品来参加，这无形中使新加坡成为这地区的艺术中心。

今年的国庆节，除了轰轰烈烈地表演25,000人的军操外，新加坡美术界也不后人。在艺术总会的号召下，10个美术团体居然能够同心协力地举行一个盛大的展览会。地点在有冷气设备的维多利亚纪念堂，精选的作品多达250多件，展览的时间从8月15日起至22日止，连开幕的一天算在内，长达9天。这是新加坡美术展览会有史以来的盛事。这证明新加坡这个岛国允文允武，双管齐下，使人民的物质和精神生活都得到应有的照顾。

提起艺术总会，正是说来话长。原来美术家像一般文人那样，犯着一种通病，即古人所谓"文人相轻"。为什么文人会相轻呢？因为文人的个性很强，凡事坚持己见，谁也以为自己的主张有百是无一非，人家的主张有百非无一是。自己既然不愿意迁就人家，人家为什么一定要迁就自己？只因彼此互不相让，甚至彼此互相攻击，结果，不求团结，只闹分裂。例如某甲提议喝茶，某乙就偏要提议喝咖啡；等到某甲附和喝咖啡，某乙马上改口要喝汽水。起初仅为争取领导权，后来竟为反对而反对，根本不问任何理由。因此，许多文化团体，好像《三国演义》的名言那样，"天下大势，分久必合，合久必分"，很不容易达到长期团结的地步。

原来思想是行动之母。美术界派别之多，可从整部美术思想史找到答案。这儿有自然主义、浪漫主义、印象派、后期印象派……入主出奴[①]，谁都觉得自己所提倡所崇拜的派别为最标准。只因一路来有己无人，所以大规模的团体很难组织得成功。

这次艺术总会的团结一致，把10个不同的美术团体融冶为一炉，真是煞费工夫。除了中国的书画和绘画外，还有西洋画、雕刻、陶瓷、实用美术。这是个良好的开端，这将会影响其他文化团体，如音乐、文学、戏剧，希望它们也团结一致，达到众志成城的目标。

平心而论，艺术以及音乐、文学、戏剧，离不开社会生活。目前是工业化时代，凡百事业离不开集体的力量，大规模的生产。在研究工作上，非有大规模的研究所、图书馆、实验室做后盾，一切工作无从着手，那些墨守成规，抱残守缺的人，多是徒劳无功。在音乐和戏剧的表演上，非有大规模的音乐厅和剧场做后盾，并且发动成百成千人的力量来进行，恐怕许多事情都做不成功，那些孤零零地在街头唱歌和演独角戏的人，将在淘汰之列。因为这缘故，许多工厂、公司的规模就越来越大，资本越来越多，化零为整，薄利多卖，这已经成为世界各国普遍的趋势。

当艺术总会正要筹备国庆美术展览会的时候，负责人即刻遇着一个问题。一来，租会场要钱，二来，出版特刊也要钱。过去是以沿门托钵的方式,向热心文化事业的殷商请求帮忙,那辛苦的情形,真是一字一泪。今年文化部愿意出面支持,只须首长点了一个头,什么问题都迎刃而解。不然,展览的日期既不会延长到9天,特刊的印刷也不会那么精美,而工作委员会诸君的任务也不会那么轻松。因为在这商业社会里,万事非财莫举,金钱这一关没有打破,其他事情将无从谈起。

随着今年国庆日美展的成功,艺术总会负责人和文化部首长的信心就油然而生。据说,明年国庆日美展,将邀请亚细安②有关各国的艺术家惠送各类作品来参加,这是增进国际间的友谊,提高本地区美术水准的一个好办法。

俗语说得好,"不怕不识货,只怕货比货"。一个人关了大门,自己非常得意地来称孤道寡,是最愚蠢的事情。比较适当的办法,就是出国旅行,到处求教。退而求其次,就是邀请国际人士,到我们这个岛国来参加展览会,好让彼此交流经验,互相切磋,以便得到进一步的认识。

须知孔子之所以成为孔子,因为他最能体会"集大成"的好处。要集大成,必须多见,多闻,多创作,多批评。经过长期的千锤百炼后,才有出类拔萃的作品表现出来。

今年艺术总会的国庆美展,在文化部的大力支持下,已经达到初步的成功。假如明年能够加倍努力,预先广约亚细安有关国家的艺术家源源惠赐作品来参加,这无形中使新加坡成为这地区的艺术中心。事实上,这种大规模的美展可算是国家每年大事记之一,它的影响大可和25,000人的军操相媲美。

1970年8月18日

注释：

① 入主出奴：指崇信了一种学说，必然排斥另一种学说；把前者奉为主人，把后者当作奴仆。比喻学术思想上的宗派主义。

② 亚细安：东南亚国家联盟（Association of Southeast Asian Nations），简称亚细安(ASEAN)或东盟，是集合东南亚区域国家的一个政府性国际组织。

编者注： 艺术创作基本还是靠个人的功力，所以"文人相轻"的问题特别严重。今天，科学、技术方面的研究，很难单靠个人的力量。虽然每个项目都有主导人物，跨学科甚至是跨国界的合作才能取胜。

第二辑
文化的发扬和创新

1 培养科学的人才

> 现在是科学昌明的时代，哪个国家拥有优秀的科学人才多，哪个国家才可立于不败之地。新马独立在望，对于建设本邦的科学人才，值得政府及社会人士再三留意。

在战前①，新马的人才少得可怜。除极少数学者专家外，那些中文只要小学毕业，英文约有六七号程度的②，便算了不起的人才。到了战后，各地华校先后开办高中，同时，英校③剑桥九号毕业的人也为数不少。因此，各机构用人的水准也逐渐提高。1949年，马来亚大学的成立，给当地的英文人才以相当刺激。1956年，南洋大学的创办，给当地的中文人才以实际的鼓励。此后，大家知道在这物竞天择，生存竞争的时代，有高深的学问及专门的知识，才利于谋生。

个人如此，政府何独不然。现在是注重科学人才的时代，连政治也不能例外。从前搞政治的人，只要懂得运用权术、耍手段、结党营私、夤缘上进④，就算能手，尤其在外力庇护下的政府，一般政要只须唯唯诺诺，他们就能够求得一官半职，不过这种时代已经过去了。

现在连政治本身也算是一门科学，即所谓"政治学"(Political

Science)。搞政治的人，除具备一般科学的常识外，对于社会科学，尤其政治、法律、经济、教育、近代史，须作有系统的研究。这样一来，他们才能够给国家奠定百年大计，并且按部就班地把重要的建设计划一一置之实施。不然，凡事自己毫无把握，须仰别人的鼻息，听人家的指挥；再不然，凡事刚愎自用，在这种情形下，要洗脱尸位素餐的罪名，恐怕也不大容易。

因为科学人才需要长期培养，不是一朝一夕的短期内可以立至，所以我们特地提出几种办法，供社会人士参考。

美国在建国的初期，大家心里虽然讨厌英国人，但美国的人才，大多数是由英国及旧大陆上各国聘请去的。苏联在实行第一次五年计划的时候，大部分专家都仰给于美国和德国。七年来中国的建设工作之所以能够突飞猛进，主要的是接受外国学者专家善意的指导。因此，新马在实行建设工作的时候，不妨多用外国的专家做顾问。不过这儿有个条件，聘请外国专家须有相当期限，多则五年，少须三年，在这有限的期间内，政府须遴选全国最优秀的青年，跟他们学习，到了期满，外国专家动身回国之前，当地青年已经精通各该部门的技能知识，以后便能够独立担任要职了。

年来马来亚大学已经产生了一批生力军，这些新毕业生中，有少数可负重任的人才，政府对这些人才，应该用心培养，让他们有继续深造的机会。同样的，再过三年，南洋大学的毕业生也要出而问世了。其中特立独行之士，政府也应该加以奖励，让他们到外国去作进一步的探讨。须知学无止境，尤其科学的研究，日新月异。一个学有根底的人才，到了外国的研究院去学习，如鱼得水，实在有说不出的快乐。等到他们学成之后，回到本邦来为社会服务，这比较聘请外国专家更合算。

再进一步,我们须在当地创办各种专门学院。我们知道,培养一个经天纬地的通才很难,造就普通的技术人才却容易得多。一个人研究文学十年,不见得会成为一个文学家;一个人学习无线电两三年,甚至一年半载,准可以成为无线电技师。我们除提高科学的水准外,对于普通的技术人才也应该注意。昨日本报载,新加坡人才训练联合咨询委员会,已经选出五种委员会职员,计:(一)建造及修理船业,(二)电器工程,(三)机械工程,(四)建筑工程,(五)交通工程。这些人才是市政府及一般社会所需求的。政府如能详加计划,妥为运用,那么本邦所需要的基本技术人才将不虞匮乏。

总之,现在是科学昌明的时代,哪个国家拥有优秀的科学人才多,哪个国家才可立于不败之地。日前西报载,美国生怕25年后,苏联的科学人才将比美国多一倍,所以美国一定倾全力培养人才,免得将来望尘莫及。新马独立在望,对于建设本邦的科学人才,值得政府及社会人士再三留意。

1956年9月26日

注释:

① 战前:这里指太平洋战争(1941年12月7日至1945年9月2日)。太平洋战争属于第二次世界大战的一部分。它是日本和以美国为首的同盟国之间的战争,范围遍及太平洋、印度洋、东亚及东南亚地区。

② 英文六七号:约相当于初中一、二的水平。

③ 英校:殖民地政府所办的学校只用英语教学,就是所谓的英校。华人社会自办的学较主要以华语教学,称为华校。

④ 夤(yín)缘上进:拉拢。

2　南洋大学与南洋文化

> 我们希望南洋大学负起研究南洋文化的责任,从各种角度,从各部门科学的立场来分析南洋问题,殊途同归,迟早会在国际学术界卓著声誉,使南洋大学成为南洋文化的研究中心。

创办不到一年的南洋大学,它进步的迅速,超过一般人的估计。在它将踏进第二学年之前,学校当局已经到处聘请人才,担任各种专门课程。学校当局办事的尽责,加上社会人士及政府的热烈支持,期之以年,谁敢说南洋大学不能成为一间最优秀的学府?

学术没有国界,这已经成为颠扑不灭的定论。一间著名的大学,平时得到国际的重视;到了战时,它也可以不受敌国的摧残。例如第二次世界大战期间,英国牛津大学、德国海德堡大学,都是金瓯无缺,学子照常用功,这就是个明证。

但是,在实际的研究工作方面,一间大学的教授多少要受地域的限制。事实上,由近及远,由现代推到古代的研究法,是最稳健而又简便的研究法。反之,舍近而求远,不但精神涣散,而且有事倍功半的趋势。

我们觉得，南洋大学应负起研究南洋文化的使命。华人满布南洋，同时，在某一地区的华人社会里，才高学博的人物不断地产生。这些人物，分散开来可做当地的中坚分子，集中起来可成为研究中心。别的不用说，光是语文学一科，南洋大学可从华人子弟里找到出类拔萃的人才。例如前任本报驻英记者，现任本坡律师的陈育峰先生，他就通晓中、英、法、缅、印、马等国语文，及闽粤等地方言。让这种人才来研究语文学，尤其南洋一带的语文，真是头头是道，保证很有成绩。

本来著书不难，难在于真知灼见。久居南洋的人，如肯以研究南洋文化为己任，可以得到许多便利。不然，隔行如隔山，隔山如隔行，例如外国的许多政治要人到马来亚来逛了两三天，参加两次鸡尾酒会，吃了一顿中国菜，走马看花，道听途说，便以为懂得马来亚的内情。这种人的言论，用来骗骗小孩还可以，但难欺骗有真知灼见的学者。

年来马来亚大学教授，已经朝着这个正确的方针迈进。在这方面最著成绩的为生物学教授何尔顿所著的《马来亚的花卉》(R. E. Holttum, *Flora of Malaya*)，地理学教授杜比的《东南亚地理》(E. H. G. Dobby, *Southeast Asia*)。到了最近，马来亚大学各教授和讲师，更是手不释卷，笔不停挥，关于马来亚的政治、经济、社会、教育等专题的小册子，已经出了二三十种。这一类小册子，对于普通读者可得一般的概念，对于专家可以引起新的刺激，因为专家对于原著者的结论不见得完全赞同，他们大可引经据典，从事驳斥，一篇论文或一本书籍经过往返辩论后，是非大明，这对于学术研究大有帮助。

南洋大学自筹备的时期起，即以整个南洋文化为对象。我们不分地域、不分种族、不分宗教,只要一个人对于南洋文化有兴趣,同时肯出力帮忙,我们都愿意他做基本的研究成员,波澜壮阔、规模宏伟,一路来都受社会重视。但是一间大学如果要引起国际注意,莫如切实的研究工作、研究的成绩,公诸于世,很快会得到学林的注意。

现代学术的趋势,已经注重"窄而深"。一个教授固然需要广阔丰富的常识,但他的贡献却在于专门的研究,否则泛滥无归,难免流于肤浅。因为这缘故,我们希望南洋大学负起研究南洋文化的责任,从各种角度,从各部门科学的立场来分析南洋问题,殊途同归,迟早会在国际学术界卓著声誉,使南洋大学成为南洋文化的研究中心。

凡事须从远处着眼,近处着手。南洋大学既然负着这么崇高的使命,它更要努力网罗人才、培养人才。现值该校到各地聘请教授和讲师的时候,我们希望它能紧握这个目标,所聘教授和讲师,除具一般常识及专门知识外,最好以研究南洋文化为职志。渴骥奔泉,不达目的不止。只有这样,南洋大学才能够完成它的使命。

1956 年 11 月 10 日

3　国家剧场与创作剧本

> 无论怎样响遏行云的歌喉、惟妙惟肖的演技，演员的艺术生涯都很短促的，只有妙绝千古的剧本，才算是万古长春。

前天是国家剧场建筑基金全岛性售旗日，也是四个月来筹募国家剧场建筑基金规模最大的一天。三千志愿工作人员，积极地展开售旗运动，不用半天功夫，已经胜利地完成任务。

据文化部政务次长兼国家剧场基金主席李炯才氏说："售旗日进行得十分顺利，因为建筑国家剧场，是本邦人民所争取的目标。"

在过去，新加坡的人民，好像一盘散沙，彼此漠不相关。自新加坡成为自治邦后，全体人民才有不二效忠的对象，大家努力工作，认真生活，一切生产都是直接间接地贡献给国家。从表面上看来，新加坡自治邦的历史虽不算长，但是，一般人民的国家观念却非常浓厚。这一面是人民对这个新生的国家具备无比的信任，一面是新加坡的确有许多优点，值得人民的热烈支持。

英国伟大的诗人莎士比亚[①]说得好"世界是个剧场"，中国著名的小说家曹雪芹也很深刻地说道"乱哄哄，你方唱罢我登场"。就在悲欢离合、阴晴圆缺的过程中，整个人类的历史一幕一幕地展开。

谁能履行历史的使命，便算是成功；谁放弃做人的责任，便算是失败。历史学家把握着那支严谨的大笔，很客观地很理智地裁判成败，"一字之褒，荣于华衮，一字之贬，严于斧钺"②。人生既然是走不完的历程，所以剧场也是个做不完的场合。

　　具备文化史观的人，谁都知道，爱好戏剧是人类的天性。当希腊全盛时代，它在诗歌方面出了一个诗翁荷马；在哲学方面，产生了苏格拉底、柏拉图、亚里士多德；在戏剧方面，它一点也不示弱，事实上，它的三大悲剧作家，欧里庇得斯(Euripides)、索福克勒斯(Sophocles)、埃斯库罗斯(Aeschylus)早已成为戏剧史上万世不祧之祖了。

　　在中国，戏剧与全体人民的生活结不了缘。除规模宏大的京戏外，各省都有地方戏，虽然二千年来，政府规定四书、五经为学人必读的课本，但是真正流行民间的思想和艺术，却是几种小说，以及根据几种小说所改写成的千百种剧本，尤其《三国演义》和《水浒传》，里边所描写的几个主角，差不多成为家喻户晓的人物，从服装到脸谱，从身段到唱腔，一举一动、一颦一笑，样样都扣着观众的心弦。剧场上所表现的忠奸正邪的嘴脸，比较最严谨的历史学家的口诛笔伐，更有彻底的影响。

　　新加坡自治邦政府，是个博得人民全力支持的政府。它深知人民爱看表演是出于天性，因此，它就在四个月前展开国家剧场基金运动。蒙各界人士的热烈响应，基金也天天在增加中，在不久的将来，就能够达到目的。

　　平心而论，筹备国家剧场基金这工作固然相当艰巨，不过训练胜任愉快的演员较难，培养出类拔萃的剧作家，更是难如登天。无论怎样响遏行云的歌喉，惟妙惟肖的演技，演员的艺术生涯都很短促的，只有妙绝千古的剧本，才算是万古长春。莎士比亚死了344年，他重要的代表作至今还是脍炙人口；元朝的关汉卿，他的剧本现在还是风行一时。至于德国的歌德、挪威的易卜生③、苏联的契诃夫，他们的骨肉早已化为尘埃，但他们的剧本，目前还受广大观众的欢迎。这儿可见优秀的剧本是不胫而走的，它绝对不受时间空间的限制。

目前新加坡各剧场所表演的剧本，多是二三十年前中国流行的剧本。那些剧本所针对的社会问题，在此时此地大半已经不成为问题，所以一般观众对于那些剧本多少缺乏亲切感。

至于当地作家所产生的剧本，现在还处于萌芽的阶段，无论质与量都需要更大的努力，才能够达到我们所期待的水准。

须知戏剧是综合的艺术。剧作家除要深切了解各阶层人民的生活外，他们还要运用纯熟的语言，构思动人的故事，安排严密的结构。它如音乐、布景、道具、效果，甚至观众的心理，他们都要悉心研究，使剧本演出之后，既不要太过露骨，致流于浅薄；又不要太过含蓄，致流于晦涩。

"文章本天成，妙手偶得之"④。要创造雅俗共赏的剧本，并不是一件容易的事情。

当国家剧场基金天天在增加的时候，我们相信它很快便能够达到预期的数目，然后动工建筑，按期完成。在政府和人民的通力合作下，这种工作无疑地能够成功。至于代表新加坡自治邦剧本的创作，这更需要当地的作家多绞脑汁，多费心思，大胆地尝试，小心地推敲。谁能够花了十年功夫，写成一部国际水准的剧本，那么他就算无负于新加坡政府筹备国家剧场的本意了。

1960 年 4 月 25 日

注释：

① 莎士比亚（William Shakespeare 1564—1616）：是英国文学史上最杰出的戏剧家，也是西方文艺史上最杰出的作家之一。华人社会常尊称其为"莎翁"。

② 一字之褒，荣于华衮，一字之贬，严于斧钺：出自《幼学琼林·文事》。意为得到《春秋》的一个字的表扬比得到华丽的衣服还要光荣，受到《春秋》的贬损比受斧钺(yuè)之刑还要难受。

③ 易卜生（挪威语为 Henrik Johan Ibsen 1828—1906）：是一位影响深远的挪威剧作家，被认为是现代现实主义戏剧的创始人。

④ 文章本天成，妙手偶得之：出自宋代陆游的《文章》诗："文章本天成，妙手偶得之。粹然无疵瑕，岂复须人为。"用来形容文学素养很深的人，出于灵感，即可偶然间得到妙语佳作。

编者注： 新加坡于 1959 年成为自治邦，建国还不满一年，在 1960 年，政府决心要发展具有当地多元色彩的独特文化。通过一元一砖的筹款方式，民间与政府齐心合力，以 220 万新元与三年的时间打造一个崭新独特，拥有 3420 个座位，依福康宁山丘而建的国家剧场。1963 年 8 月 8 日，配合东南亚文化节开幕礼，国家剧场举行第一场演出。到了 1984 年，政府因国家剧场独特的 150 吨无支撑钢铁盖蓬结构不安全，为它拉下帷幕。取而代之的是耗资 6 亿新币建造的滨海艺术中心，并于 2002 年开放。内有 1,600 个座位的音乐厅，及可提供表演的 2,000 个座位的剧院。

4　让儿童表现他们的天才

> 其实，儿童是有他们自己的抱负，自己的一套办法的。只要大人不要过分放松，同时，也不要保护得太严密，很客观地站在指导地位，让儿童自己去动脑筋，让他们慢慢去想办法，等到此路不通的时候，才稍加纠正和鼓励。

过去一般人对于儿童的态度，多数患着偏差，不是过度自由放任，让儿童自生自灭，便是矫枉过正，一点也不让他们有自己活动的空间。前一种办法，无形中使多数儿童成为候补的流氓，因为他们没有人管束，整天在街头巷尾，和市井无赖为伍，久而久之，不做流氓也不行。后一种办法，是把儿童当作温室里娇嫩的花卉，经不得风吹雨打，一举一动，都需要大人保护，到了相当时候，他们失掉应付事物的能力。除张口吃饭、上床睡觉外，什么事情也不会干。

由于一念之差，许多家庭都不知不觉地把儿童的前途断送了。

其实，儿童是有他们自己的抱负，自己的一套办法的。只要大人不要过分放松，同时，也不要保护得太严密，很客观地站在指导地位，让儿童自己去动脑筋，让他们慢慢去想办法，等到此路不通的时候，才稍加纠正和鼓励。这样一来，他们不但很快养成自治的精神、办事的能力，而且会加强他们的信心。

从本月12日开始举行的儿童周，就是使本邦儿童有机会为筹募国家剧场基金，而从事参加各种活动的一个好例子。

首先我们要指出，儿童周的目的，不只是为国家剧场筹募基金，而是给本邦的儿童有机会表现他们的才能。

就年龄而论，这些少年大多数还没有达到法定的年龄，国家大事，他们尽可不必负什么责任。但是新时代的观念和旧时代不同。新时代最重视的是儿童。因为儿童天天在发育的过程中，无论智力、体力、活动力，他们无时不在吸收，也无时不在发挥作用。假如我们以为儿童毫无能力，什么也不让他们去尝试，到了法定年龄，他们恐怕茫无头绪，什么事情都干得不起劲了。

根据这种正确的认识，我们愿意让儿童有充分的机会，表现他们的才能。而国家剧场恰巧是个好题目，由他们尽量发挥，看看他们的成绩到底是怎样。

其次，我们要知道儿童周是由四种不同语文的学校参加，使各民族学生能够在一起活动，增加彼此间的了解。

由于语文及生活习惯的歧异，过去我们的四种语文学校是各自为政，彼此漠不相关。虽然我们不说这和殖民地主义的"分而治之"的政策有关，但我们可以很肯定地说一句，那种作风是有纠正的必要。

这次儿童周是由四种语文学校的学生共同主持。虽然各学校所采用的教学媒介有所差别，但他们的目标既一致，方法又相同。换句话说，他们要各尽所能，为筹建国家剧场基金效命。

儿童周固然不否认个人的天才，但是它更重视集体的合作。例如 13 日那天的少年大会操，是由 4000 人参加，其中三分之二，为来自四种语文学校的学生。另外还有 300 人大合唱。像这种大规模的行动，只有四种语文学校的学生共同参与，才会表现出它的特殊意义。

  在现代大都市里，规模宏大的剧场，不但是市民夜生活的一个重要中心，而且也是国际来宾必到的场所。巴黎歌剧院的豪华气派，罗马几间大剧场艺术上的成就，使人不能忘怀。新加坡政府亟待举办的事情很多，然而它要分一部分精力来筹办国家剧场，无非使本邦人民有高尚的文娱，并且可以满足国际嘉宾的眼福，一举数得。所以国家剧场的建筑工作，谁都希望它能按期完成。

  现在当成年人一再出钱出力之余，天真活泼的儿童也尽他们的力量。因此从 12 日开始举行的儿童周，一面要表现儿童的才能，一面又要表现他们合作的能力。

  须知团结就是力量。当来自四种不同语文学校的学生，倾全力来支持国家剧场建设的时候，我们相信这项有意义而又富有时代性的运动，一定能够胜利地完成它的任务。

1960 年 8 月 8 日

5　药物治疗与精神治疗

> 须知平衡的情绪生活，有时比吃什么药重要得多。要除去紧张情绪的烦恼，第一要养成从容工作的态度，第二要养成一种镇定和专一的习惯，把所有没有关系的刺激尽量抛开。

本邦陈笃生医院精神转注治疗组①，自成立以来，成绩卓著。昨天是该组病人手工艺作品售卖会开幕的日期，除元首夫人及卫生部长贝恩亲临指导外，还发表名言谠论②，鼓励本邦妇女，踊跃参加该组有意义的工作，帮助病人复原。

人生最苦的事情，莫如贫病交加。贫穷使物质生活感到匮乏，疾病使身体坐立不安。撇开贫穷不谈，疾病可以说是人生过程中不能避免的一个阶段，所谓生、老、病、死，就是说明疾病和人生结不了缘。

由于医药的进步，过去有许多无法治疗的疾病，现在已经可以受控制了。由于各种特效药的发明，从前有许多痛不可言的疾病，现在也已经把痛苦的程度大大减低了。

另一方面，由于社会生活越来越复杂，越来越紧张，许多古里古怪的疾病又相继发生了。虽然医药的专门人才片刻不停地加强研究工作，但疾病的无法避免，却又成为铁的事实。

普通人仅注意疾病时期应有适当的药物治疗，但他们很少会注意到生病时期及病愈之后的精神转注治疗。精神转注治疗有什么用处呢？据卫生部长贝恩的解释，采取这种精神转注的治疗法，不但可使病人容易打发在医院中的时光，而且可以学习工艺。最主要的一点，就是使他们不会感觉疾病与无聊的痛苦，从而加速他们的复原。

谁也知道，疾病的名目繁多，但主要的可分急性病和慢性病。急性病须在最短时间内治好，不然，便一命呜呼。慢性病一面固然靠医药治疗，一面又需要长期的休养。肺痨病刚好是个显著的例子。

在医药还没有十分发达的时代，普通人也知道肺痨病叫作"贵族病"或"老爷病"。换句话说，得这种病的人，须长期休养生息，这才能够提前恢复健康。

但是，休养并不是很容易的事情。一向十分活动的人，忽然因慢性病而困守于病房，整天与针灸药石为伍，他不但觉得度日如年，而且因为心理的过分烦闷，使他觉得了无生趣。在这期间，假如一些富有服务精神的妇女，肯挺身而出，牺牲一部分时间，为病人服务，教他们以各种手工艺，由浅入深，使他们逐渐忘记疾病的痛苦，同时，使他们多学习一种技能，这对于他们将来物质生活的改善，也许有相当的帮助。

人类是感情的动物。生病好像坐监一样，很难过着正常的生活。久而久之，脾气变得暴躁了，精神萎靡不振了。古人说："哀莫大于心死。"当一个人身若槁木，心似死灰的时候，任何药石的功用，恐怕都要打个折扣。

诚如元首夫人所说,她很感激各民族的一群热心妇女,义务参加这精神转注治疗组的工作。虽然她们在沉静的工作,但她们实际是做着扑灭肺痨病的一项最重要的工作。言简意赅,她很正确地指出精神治疗的功用,不亚于药物治疗。

除肺痨病需要长期休养及精神治疗外,那些患着神经衰弱症的人,更需要精神治疗。假如在情绪方面加以调节控制,这更具治疗和预防的双重作用,未患者和正在患者,都应该加以注意。

须知平衡的情绪生活,有时比吃什么药重要得多。要除去紧张情绪的烦恼,第一要养成从容工作的态度,第二要养成一种镇定和专一的习惯,把所有没有关系的刺激尽量抛开。在紧张工作之后,闭目一会儿,或站起来伸展你的身体,慢慢地散步,呼吸新鲜空气,都是松弛紧张的方法,也就是医治神经衰弱的良方。老实说,一根纵使不十分重要的小肌肉,假如长时间把它拉紧,也是要生病的。

精神转注治疗,年来已被本邦陈笃生医院采用。它功效的卓著,使政府当局决定将这种治疗方法,逐渐扩展至本邦其他医院。这样一来,药物治疗与精神治疗,双管齐下,使病人能够提前恢复健康,同时又使他们多学到一种手工艺。一举两得,这实在值得当地的急公好义的妇女踊跃参加。

1961 年 10 月 5 日

注释:

① 精神转注治疗(Diversional Therapy):此治疗法是根据病人的年龄和体

能的差异，为他们设计的康乐活动，以帮助病人在心理上、精神上和体能上能够更快的康复。

② 谠(dǎng)论：正直的言论。

编者注：疾病是人生最痛苦的遭遇。许多病痛除了药物治疗，如果能够配合精神治疗，疗效更见显著。这篇社论除了呼吁更多人秉着急公好义的精神，踊跃支持精神转注治疗，也强调患者培养平和豁达的心态来看待疾病。

6　新闻训练班和新闻自由

> 站在舆论界的立场来观察，我们知道，哪个国家能享受较大的新闻自由，哪个国家的民主政治的程度就越高。

"民主政治是舆论政治。"英国大文学家兼大史学家马皋莱勋爵①这句话，已经成为不刊之典。

站在舆论界的立场来观察，我们知道，哪个国家能享受较大的新闻自由，哪个国家的民主政治的程度就越高。相反的，凡是箝制舆论，过分限制新闻自由的国家，它难免陷于独裁的困境，而独裁政治是我们深恶痛绝的东西。

在文人论政的时代，新闻事业是处于极幼稚的阶段。报纸的作用，至多等于少数文人的"清议""清谈"。这儿谈不上组织，说不上训练，更谈不到销路和广告。

现在却不然。现代化的报纸是个大规模的企业。它注重组织，它更重视训练。因为报纸的地位越来越重要，所以它必须实行分工合作。每一部门都需要专门的人才，同时，整个报馆又需要统筹大局的核心组织。只有这样，报馆才能够负起新闻翔实而迅速，舆论公正而正确的重任。

因为报馆负着这么重要的责任，所以先进国家各著名大学，早已成立新闻系，训练报业人才。从采访到编辑，从广告到发行，从排字到印刷，每一部门都需要能够胜任的人才，不然，它就没法子履行它重大的使命。

　　截至现在止，马来西亚的几间最高学府还没有设立新闻系。各报馆、各通讯社、各广播电台、各电视台所任用的记者和编辑，不是向外地聘请，便是把当地青年从头训练起来。这事实说明，当地的新闻事业还不大发达，非急起直追，恐怕永远落在人后。

　　为着迎接大时代的来临，为着配合马来西亚的产生[②]，吉隆坡自治市[③]礼堂，特地于前天举行新闻工作者训练班的开幕礼。当东古首相发表开幕词的时候，他说，创造统一的马来西亚国家，报界曾扮演重要的任务。他深信马来西亚的报界将能负起他们的重大任务。

　　东古首相这一段慰勉有加的言论，我们非常感动。我们身为报人，当然负着翔实而迅速的报导，公正而正确言论的责任。因为我们知道，在人事非常复杂，工作十分忙碌的社会里，一个人宁可少喝一杯咖啡，不能一天没有看报。不然，隔邻发生什么事情，谁也不知道，更不用说世界大事了。

　　只因报纸成为全体人民的精神食粮，所以报纸的报导如有错误，评论如有偏见，势必使大多数人受了影响。为着使记者和编辑的能力加强，在各大学没有正式设立新闻系之前，新闻工作训练班的开办，可以说是最能够适应当前的需要。

　　谁也知道，要做个出色当行的记者或编辑，他首先须具备一支犀利的笔锋。在报纸还没有十分发达的时代，社会上已经有"笔下横扫万军""一支笔杆，远胜三千毛瑟"等名言。这充分证明，要做个名记者或编辑，非勤力锻炼笔锋不行。

　　其次，记者或编辑，须有高度的常识。一般专家学者只须严守一个小部门，其他事情大可不闻不问。记者或编辑却两样。他不但学有专长，而且须不断地用功，使学识与日俱增。纵使不能深入堂奥，至少要有插嘴的本领。不然，除了本行之外，什么事情都瞠目结舌，只有招架之功，并无还手之力，这未免会使自己太难堪。

再次，记者或编辑须深入社会。俗语说，隔行如隔山，许多事情，非亲见、亲闻、亲经历，绝对不能有彻底的了解。因此，从事新闻事业的人，应该以第一防线的哨兵自命，凡事亲自博访周询，以期达到问题的核心，然后心平气和地提出解决的办法。

然而新闻事业最重要的莫如新闻自由。假如新闻自由受了大限制，那么新闻事业将黯然失色，至多只能做到政党的应声虫，这又有什么意思？

我们很荣幸，东古首相强调马来西亚报章的新闻自由是得到保障的。只要自由有保障，从事新闻事业的人才能够放胆做去，虽然我们深知新闻自由是以不侵犯他人自由为最高原则，而毫无根据的毁谤罪，正是新闻界最禁忌的东西。

现在新闻训练班已经开幕。我们相信这次训练班能够给我们培养八十名优秀的人才，以便加强我们的队伍。同时，在首相极力保障新闻自由的原则下，我们更应该磨厉笔锋，为人民驰驱。

1963 年 10 月 2 日

注释：

① 马皋莱 (Thomas Babington Macaulay 1800—1859)：又译为"麦考莱"。英国著名历史学家、政治家，撰写《英国史》。

② 马来西亚：自 1950 至 1960 年代，英国在东南亚的四个殖民地先后取得独立或被授予自治地位，当中包括英属马来亚（1957 年 8 月 31 日起独立并改称

"马来亚联合邦")、新加坡(1959年6月3日起自治建邦)、英属沙捞越(1963年7月22日起自治)与北婆罗洲(1963年8月31日起自治并改称"沙巴")。1963年9月16日,这四个国家和地区参组马来西亚,成为新的联邦制国家。

③ 吉隆坡自治市(Kuala Lumpur Municipality):成立于1948年。自1974年,吉隆坡从雪兰莪州割让出来成为联邦直辖区。

编者注: 今天新加坡的多所大专院校都设有传媒与新闻专业学系。

7 莎士比亚诞生四百周年纪念

> 我们不要单纯羡慕英国的莎士比亚,我们更希望我们的国家至少也要像北欧的小国——挪威和丹麦——一样,能够产生一个易卜生,一个安徒生。

明天是英国历史上最伟大的诗人兼戏剧家莎士比亚诞生四百周年纪念。世界各国的莎士比亚学会、各城市的戏剧团体、各重要报章杂志,都举行各种方式的纪念。就是新加坡,它也准备从明天起,一连表演三天莎翁的名剧《第十二夜》(*Twelfth Night*)。

翻开剑桥大学所出版的《近代史丛书》,以一个人来划分一个时代的,仅有莎士比亚、拿破仑、俾斯麦[①]三位。拿破仑是个军事天才,他的铁骑纵横欧洲,声势之盛,仅有亚历山大可以和他媲美。俾斯麦是个铁血宰相,他眼光的远大、手段的圆滑,连法国著名外交家塔列朗[②]、意大利著名政治家加富尔[③],也黯然失色。至于莎士比亚,他以一支笔杆,奠定文坛最崇高地位,远超荷马、但丁,下启歌德、莫里哀、萧伯纳。假如他要找一两个东方的伴侣,我们只好推出关汉卿和王实甫。

莎士比亚出生于英国埃文河畔的斯特拉特福镇(Stratford-upon-Avon)附近的农村。父亲以贩卖牛皮、谷物,以及其他农产品为生,一度曾担任高级市政官。当莎士比亚才十三岁那年,父亲的生意失败,财产全部抵押,此后,莎士比亚就退学,跟父亲学做生意。

他十八岁结婚,夫人比他大了八岁。不久之后,就离乡步行到伦敦去。

文明生于闲暇,艺术更生于闲暇。十七世纪的伦敦,人口不过三十万人,戏院却有九间,稍微有钱的人,过的是有闲阶级的生活。他们既然有闲,而又有钱,所以时常光顾戏院。看完戏后,大家就跑到酒吧去尽情大喝。到了酒酣耳热的时候,大家谈兴很浓,其中最重要的话题,恐怕就是戏剧。

莎士比亚生在那样重视戏剧的环境里,自然而然会对戏剧寄予莫大的期望。他廿四岁开始编剧演戏,并担任剧中的小角色。到了二十七岁,他才开始写剧本。此后,他就以写剧本为终身职业,而他的日常活动,是和两间著名的剧院——环球(Globe)及黑衣修士(Blackfriars)——结不解缘。

就在他开始写剧本那一年,他的艺术天才被宫廷注意。他曾到皇宫去演戏,并得到皇亲国戚的青睐,除了愿意做他的赞助人,有可观的稿费,剧院的盈利,他也能够分得多少。这样一来,生活无忧,他就可以倾全力贡献给毕生最喜爱的事业了。

这是他生命的转折点。从前打杂的生活,给他以丰富的人生体验和舞台经验。今后的专门著述的生涯,是使他从事伟大事业,直叩不朽的大门。

自莎士比亚献身于剧本的写作后,他曾经写过历史剧、喜剧、悲剧、十四行诗,即中文所谓的商籁体(Sonnet的音译)。其中最成功的,就是那几部悲剧,即《凯撒大帝》《哈姆雷特》《奥赛罗》《李尔王》《麦克白》。这些悲剧,真是脍炙人口,对于英文下过相当工夫的人，多少会背诵几段著名的台词，那些专门表演莎翁名剧的要角和导演，更不用说了。

为什么莎士比亚的剧本，会达到人见人爱这种最成功的地步呢？因为他不但代表他所属的时代，而且是代表千年万代。他透视人类的本性，而人类的本性是不会改变的。他所牵涉的问题既广泛，他所表现的感情又深刻，尤其是爱、憎、希望、失望、勇敢、忍耐等感情，在他生花妙笔的描写下，栩栩如生，写什么等样的人物，就像什么等样的人物，尤其是他写李尔王的忧郁、奥赛罗的痛苦、麦克白的苦闷、埃及妖姬的绝望，在英国文学上可以说是达到登峰造极的境界，用中文的成语"叹观止矣"四字来形容他的成就，一点也不过火。

新加坡甚至整个马来西亚，到如今还没有一间戏剧学校，这一点我们不能不承认自己的落后。我们有许多优秀戏剧人才——无论京剧或话剧——只因无路请缨，所以他们的才干都没有机会表现。这是社会最大的损失。

旧时的宫廷和教堂、富商和巨贾、达官和显宦，为着扶持风雅，个个都乐意给艺术家作赞助人，说得更坦白一点，给艺术家解决生活问题。现在我们已经成立一个文化部，它对于艺术家精神上物质上的帮忙，照理比较旧时代的宫廷和教堂更要积极才行。

"苟得其养，无物不长。"④我们不要单纯羡慕英国的莎士比亚，我们更希望我们的国家至少也要像北欧的小国——挪威和丹麦——一样，能够产生一个易卜生，一个安徒生。

1964 年 4 月 22 日

注释：

① 俾 (bǐ) 斯麦（德语为 Otto Eduard Leopold von Bismarck 1815—1898）：曾为普鲁士王国首相、德意志帝国首任宰相，人称"铁血宰相"，奉行"铁血政策"。

② 塔列朗（法语为 Charles Maurice de Talleyrand-Périgord 1754—1838）：法国大革命时期的政治人物。他从十八世纪末到十九世纪三十年代，曾在连续六届法国政府中，担任外交部长、外交大臣、总理大臣的职务。

③ 加富尔（意大利语为 Camillo Benso Conte di Cavour 1810—1861）：是意大利政治家，意大利统一运动的领导人物，曾留学过英国，也是后来成立的意大利王国的第一任首相。

④ 苟得其养，无物不长：出自《孟子·告子上》。"苟得其养，无物不长；苟失其养，无物不消。"意思是说如果能得到滋养，任何生物都能生长；如果失去了滋养，任何生物都要消亡。泛指物要滋养，人要修养。

编者注：新加坡拉萨尔艺术学院（Lasalle College of the Arts）于 1984 年创立，是一所综合性高等艺术学府。学院设有表演艺术学系。

8　新兴国家的外交人才

> 所谓外交,不外"讲信修睦",一面要赢得人家的好感,一面要扩大我们的市场罢了。

本国政府①的新春活动,就是要在非洲、中东及南美洲展开外交攻势。更具体一点说,政府已经决定在这些国家设立三间使馆。

俗语说:"弱国无外交。"这话似乎有理,其实不然。强国腰包硬、拳头粗、嗓子大,它们根本不需要什么外交不外交。另一方面,弱国是处于"人微言轻"的地位,它们最需要的是外交。

在过去,马来亚处于殖民地的地位,一切外交政策,完全由伦敦代为决定,所以我们根本没有什么外交。现在我们是个独立自主的国家,我们不但需要办理外交,而且要在外交事务上比较别人胜一筹。

这是我们的理想。要达到这理想,我们必须从培养外交人才着手。

在比较进步的国家里,它们多在国都开办外交训练班,专门训练胜任的外交人才。这种训练班遴选的标准很高,课程又紧,经过一两年积极训练后,许多优秀青年,不难成为栋梁大材,为国家服务。

截至现在止,我们最缺乏的就是合适的外交人选。因为过去我们没有注意这方面的培训,而真正人才又非片刻之间可以罗致。为着长久的计划,我们应该提前在首都的马来亚大学设立外交训练班,遴选敏而好学的青年，加以有计划的训练。

第一，语文。外交家必须长于辞令。除了本国语文外，对于目前国际通用的英文，以及将来拟派驻国家的语文，应该加以特殊训练。出口成章，侃侃而谈。态度不卑不亢，言论有质有文。像春秋时代的子产那样，他所代表的虽然是个小国——郑国——但他在折冲樽俎②上，只令人佩服到五体投地，谁也不敢小觑他。

第二，现代史。"历史使人明智"，英国哲人培根③这句话实在说得中肯。须知任何事物，不是凭空产生出来的，它一定有前因，有后果；有来龙，有去脉。一个出类拔萃的外交家，不但要充分了解本国的历史，看看本国的优点在哪儿，缺点又在哪儿，而且要明白最近两百年来，即工业革命发生后千变万化的国际形势。经过一番努力的研究后，我们这才明了成败利钝的原因，然后去其芜杂，取其精华，做我们建国的基础。

第三，国际公法。一间公司，一间学校，各有各的章程。一个国家也必需有自己的宪法。同样的，国与国间的关系，是按照国际公法来办理。假如办理外交的人不大娴熟国际公法，那么他发言的时候，便没有什么把握，说不定他还会进退失据，眼巴巴地给人做攻击的资料。从苏联特出的外交家维辛斯基④之所以能够以旁若无人的态度，在国际政治舞台上逞其雄辩，主要的是由于他精熟国际公法及《联合国宪章》。

第四，经济学。经济是国家的命脉，而工商业又是一个国家经济的中心。事实上，所谓外交，就是争取与国⑤，博取国际的同情，希望有关国家在通商惠工这方面，给我们极大的便利。不然，我们又何必劳民伤财，到处设立使领馆，研究各驻在国的人民的嗜好和风尚，衡量他们的购买力，争取该国的舆论机关，如报纸、杂志、电台、电视的同情。换句话说，所谓外交，不外"讲信修睦"，一面要赢得人家的好感，一面要扩大我们的市场罢了。

第五，礼节。外交家像政治家一样，所注意的是国家百年大计，但是，要达到这目的，个别官员必须和对方官员从亲自接触着手。须知人类的感情是变幻莫测的，忽喜忽怒，忽爱忽憎，而喜怒爱憎的出发点，还基于礼貌小节。因此，在待人接物这方面，如服装、饮食、宴会、起居、送往、迎来，一切的一切，都有固定的礼节给我们遵守。假如外交官没有经过严格的训练，不懂得"入国问禁，入乡随俗"，那么他难免进退失据，动辄得咎⑥，甚至成为外交界的笑话。

从根本没有外交到积极展开外交活动，这在新兴国家如马来西亚，算是件大事。不过我们须承认在外交方面算是个生手，所以必须从长计议，积极训练外交人才。"知之为知之，不知为不知"，新兴的国家向先进国学习，这并不是羞耻，而是走上成功必经之路。

1965 年 1 月 5 日

注释：

① 本国政府：新加坡在 1965 年 1 月还是属于马来西亚联邦的成员，首都是吉隆坡。到了 1965 年 8 月 9 日新加坡才脱离马来西亚成为独立自主的国家。

② 折冲樽 (zūn) 俎 (zǔ)：樽俎，古时盛酒食的器具。原指诸侯国在宴席上制胜对方，后泛指在外交谈判上克敌制胜。

③ 培根（Francis Bacon 1561—1626）：英国著名的哲学家、散文作家，是古典经验论的始祖。"历史使人明智"(Histories make men wise) 是出自他的《论

学习》(*Of Studies*)。

④ 维辛斯基（Andrey Yanuarevich Vyshinsky 1883—1954）：苏联政治家、法学家、外交家。在 1949 年至 1953 年期间担任苏联外交部长，曾代表苏联签订德国投降文书以及《中苏友好同盟条约》。

⑤ 与国：友邦，相交好的国家。

⑥ 动辄 (zhé) 得咎 (jiù)：辄，即；咎，过失，罪责。意为动不动就受到指摘或责难。

9　在竞技场中一决雌雄

> 我们提倡体育的目标，主要是使全体人民具备健全的体魄，以便为整个国家，为全体社会服务；次要的才谈到出国参加比赛。

在金边举行的亚洲新兴力量运动会告一结束，在曼谷举行的亚洲运动会就要登场。作为新兴独立国家的马来西亚和新加坡，面对洲际性的盛大运动会，当然会加强我们对于运动的注意力。

我们一向对于体育的提倡不遗余力。我们尤其是注重"运动家精神"的培养。自战后以来，每四年一次的奥林匹克世界运动会，我们曾一再派遣记者从事新闻的采访和报导。由于报导翔实，资料丰富，所以本报的体育版曾博得广大读者的支持。

在人生的过程中，健全的体魄，像健全的脑筋一样，是我们最大的资本。须知欧洲的文明，导源于希腊时代，那时各方面的人才辈出，无论哲学、文学、史学，都有出类拔萃的人物。为什么蕞尔小国的希腊会有这么大的成就呢？原因是：他们并不是读死书，而是把书本和体育予以同等的重视。

目前新马的执政当局，都励精图治。他们除了拨出大宗的款项来发展教育外，对于体育也十分关心。这种政策是健全的，值得大家拥护和推行。

要提倡体育，最重要的是引起全国人民对这问题有普遍的注意。无论男女老幼，谁都应该把运动当作日常生活的一部分。每天工作怎么忙，一个人总要忙里偷闲地抽出一小时或三十分钟来运动。至于运动的方式，大可凭个人的爱好和环境来决定。从柔软操到太极拳，从各种球类到各项田径，从舞剑到散步，一切的一切，谁都可以自由选择。只要持之以恒，体力自然会增加，精神自然会旺盛。届时，无论治学或治事，都能够应付裕如，而且毫无倦容。

当全体人民的体魄和精神普遍提高之后，主持体育的专家才能够从中遴选特别优秀的人才。在纵的方面，从小学到中学和大学，各班各级都有机会参加。在横的方面，马来西亚各州府，新加坡各选区，各民众团体也有机会献技。只因体育变成日常生活的一部分，所以参加表演的人数将与日俱增。经过再三淘汰之后，剩下的当然会成为最菁华的代表人物了。

优秀的准代表选出之后，体育当局应该予以严格的训练。目前美国、苏联、中国体育教练的待遇很优厚，他们对于青年一代的运动十分注意。除了训练本国的青年外，对于友邦的体育事业也曾予以种种协助。须知任何事业的成功，先天的条件占了一半，后天的训练又占了一半。例如现已退休的陈掌谔教授，自他在南洋大学服务的几年间，因为他的方法新颖，教导认真，使南大体育水准普遍地提高。假如新马各级学校能够礼聘各项运动的特出教练来指导，我们相信这是最合算的事情。

一般落后地区，平时对于体育毫无兴趣，等到国际性运动会或洲际性运动会开幕的前夕，才以临时抱佛脚的态度，漏夜训练，现蒸现卖，不用上场，谁也可以判定胜负。因此，不提倡体育也罢，要提倡体育，必须平时普遍地实施指导，然后遴选最合适的人才，加以严格的训练。

但是，大规模的运动会，必须有适当的运动场来配合。自马来西亚独立后，它已经建筑了一座大运动场。现在新加坡政府也正式宣布，旧加冷飞机场为国家运动场的地址。这座新运动场在两年后可以告成。它能够容纳 5 万名观众，假如事实需要，它还可以大事扩充，容纳 10 万名观众。

我们一向积极提倡体育事业。现在眼看新马政府都以最认真的态度来实施健全的体育政策，这可以说是符合全体人民的愿望。

话又说回来，我们提倡体育的目标，主要是使全体人民具备健全的体魄，以便为整个国家，为全体社会服务；次要的才谈到出国参加比赛。因为我们的历史较短，许多运动项目一时没法子达到最高的水准，这一点我们应该有自知之明。但是，多一次参加，便多一次经验。由经验中找出错误，由错误中找出正确的途径，一二十年之后，不怕不会出人头地。

1966 年 12 月 8 日

编者注：新加坡旧国家体育场位于加冷。它于 1973 年 7 月启用，至 2007 年 6 月 30 日正式关闭、拆毁，并在原址建造了设备先进的新加坡体育城和新加坡国家体育场。国家体育场可容纳 55,000 人，于 2014 年 6 月正式启用。

10　救救书业和印刷业

> 只要政府的领导阶层肯大力提倡，各大学和学院的教授及讲师肯尽量支持，在学术文化上立志跟世人争一日的短长，十年之后，当地的书业和印刷业的状况将完全改观。

书业和印刷业，表面上和文化最有关系，但是本质上却是一种企业。经营企业的人，主要的目的在于赚钱。假如有利可图，大家将趋之若鹜。相反的，假如无利可图，他们将赶快转业，把有用的资金投到其他可望得利的企业上去。

战后的初期，新加坡的书业和印刷业曾一度呈现蓬蓬勃勃的气象。书籍杂志大量出版，使新马的市场显得多彩多姿、有声有色。就本公司而论[①]，我们所出版的书籍，几达一百种，其中比较畅销的，初版五千册，在三五天内可以销完；再版五千册，至多一个月也可以销完。出版人固然很高兴，作者也可以得些版税来添置图书，款待亲友，使生活的内容更见丰富。

自 1963 年印尼开始对抗后[②]，首先受打击的是书业。接着印刷业也大受影响。有一间大书店，它曾出版一种畅销杂志，每期三万份，隔夜之间，减少了三分之二。本来很能赚钱的刊物，后来却成为一种累赘，其他书籍杂志差不多都是如此。

目前新马的书店，有的关门大吉，有的兼营其他企业。华文书店多数兼卖英文、巫文书籍杂志。英文书店多数兼卖唱片、瓷器，以及其他日常用品。须知"杀头的生意有人做，蚀本的生意没人做"。假如经营的生意一定会亏本，那么谁也要收拾细软，回到家里去吃风了。

书业的凋敝，原因相当复杂，但主要的仍在社会风气的不健全。

最近十年来，新马的教育当局太过重视考试，小学要会考、中学要会考、高中又要会考。经过重重考试后，一般学生都变得很现实。他们知道，多看课外书，也许会增进智慧，但和会考并没有直接关系。会考这个难关如没有克服，此后终身受累。为着争取考试名列前茅，至少也要做到榜上有名，毫无关系的课外书不看了，和考试没有直接关系的参考书也没有人问津了。

中小学如此，大学也没有例外。目前新马的几间大学和学院的学生，他们除了几本非买不可的课本外，大多数人都没有养成买书的好习惯。多余的时间和金钱，他们宁愿消磨于戏院、百货公司、酒楼、茶室。假如你们不相信，你们只看娱乐场所时常客满，百货公司也户限为穿③，新开的酒楼、茶室层出不穷，这些便可反应出书店的冷落了。

假如你们熟悉北京、巴黎、伦敦的情形，你们一看便知道，在上述三个城市里，读书的风气是多么浓厚。那儿的学生，穿着非常朴素，饮食十分俭省，可是他们养成逛书摊的好习惯。周末和假期不用说，就是课余之暇，大家都争先恐后地跑到新书店或旧书摊去乱翻乱看。北京的琉璃厂④、巴黎的塞纳河沿岸⑤、伦敦的查令十字街⑥，书店鳞次栉比，到处都有人看书和买书，尤其是伦敦浮尔书店

（Foyles），藏书多达四百万册，你要什么就有什么。时常进出那些大书店的人，虽然不能保证为学者专家，但至少可以说是富有文化意味的人。

目前的日本，是后起之秀。除了工商业的突飞猛进外，它的书业和印刷业也是欣欣向荣。三种大报，销路多达二百万份至四百万份。三个大杂志，销路都超过几十万份。至于各部门的新书或旧籍，多是供不应求。作家的稿费，每千字多达马币一百元。一般现象如此，难怪日本的国运也日见昌隆，谁也不敢轻视。

新加坡新任文化部长易润堂先生，是报人出身，在学生时代，早已注意文化事业。现在他刚刚上任，我们极希望他对于书业、印刷业这方面须多下一点功夫。例如怎样鼓励学生多读书，怎样支持学人多写作，怎样指导印刷业改良技术，减低成本。只要政府的领导阶层肯大力提倡，各大学和学院的教授及讲师肯尽量支持，在学术文化上立志跟世人争一日的短长，十年之后，当地的书业和印刷业的状况将完全改观。届时从外国到新马来考察的人，将刮目相看，认为我们很有教养。

各先进国家，每年所出版的新书多达几万种，其中多数都由美国国会图书馆编目。新马除了出版中小学的课本外，连大学课本都是舶来品。我们只看牛津、剑桥、哈佛、耶鲁、麻省理工学院、康奈尔等大学出版部的新书目录，便知自己实在落后不堪，非急起直追，恐怕逃不了被贴上"识字而没有文化"的标签。

1968 年 4 月 18 日

注释：

① 本公司：《南洋商报》报社。

② 印尼开始对抗：1963 年 9 月 16 日，马来西亚联邦成立，领土包括新加坡、马来亚、沙捞越和沙巴。文莱因为国内发生叛乱活动而拒绝了合并献议。印尼和菲律宾都反对马来西亚联邦的成立。印尼总统苏加诺对北婆罗洲地区有野心，同时认为马来西亚的成立是英国帝国主义的表现。在成立马来西亚联邦筹划期间，苏加诺自 1963 年 1 月 20 日，宣布对马来西亚展开"对抗"。印尼的对抗活动延续到 1966 年 8 月苏加诺被推翻后才结束。

③ 户限为穿：户限，门槛；为，被。门槛都被踩破了。形容进出的人很多。

④ 琉璃厂：是当时北京最大的人文荟萃的文化街市。既有书市，也有与文化相关的笔墨纸砚、古玩书画等市场。

⑤ 塞纳河沿岸：塞纳河沿岸岸堤上成排的绿色铁箱子是巴黎有名的旧书摊。据说这一传统从 16 世纪延续至今，已有 400 多年的历史。

⑥ 查令十字街（Charing Cross Road）：伦敦的查令十字街上有各种专业书店及二手书店。

编者注： 这篇社论是将近半世纪前写的。时过境迁，各地的小书店纷纷倒闭，而大书店也在慢慢缩小。网络广泛的覆盖率，改变了人们读书和买书的习惯。信息的泛滥，使人目不暇接，却少有人把某一本书读得滚瓜烂熟。但是经历了"蜻蜓点水"的阅读方式，相信有许多人会重新欣赏既能捧在手中，又能反复回味的真实书本。

11 新文化的创造

> 文化的交流，那是引起一个民族或一个帮派人士，开始欣赏另一个民族或另一个帮派的文化的开端。经过长期的接触和交流后，聪明的艺术家，便要发挥他们的长技，把各种文化的精华，兼收并蓄地放在一起，好让全体观众听众有所选择。

新马都是多元民族的国家。多元民族在接受和创造新文化的过程中，较单元民族便利，而且会产生灿烂辉煌的成绩。

据文化人类学专家的意见，世界上极少单元民族的国家，问题仅在于国内有多数民族和少数民族的分别。

当殖民地时代，统治者唯一的法宝，就是"分而治之"。不但不同的民族需要隔开，而且同一民族也要分为各帮派。有时给这个民族一点甜头，有时给那个帮派一点好处，使他们自相矛盾，同室操戈，然后坐收渔人之利。

自新马相继独立后，当地人民来个大觉大悟。谁也知道过去被西方的统治者欺骗，自己心甘情愿地划分楚河汉界，彼此互不往来。现在应该消除畛域①，团结一致，造成意志集中、精神集中的国家。

经过一番大觉大悟后,新马不但成为独立国,而且开始创造新文化了。

文化是个最抽象的东西,它需要长期的接触、孕育、培养,才会繁枝、茂叶、开花、结果。据我们的观察,新文化的创造,至少须经过三个阶段。

第一,文化的交流(communication)。在过去,各不同的民族,甚至不同帮派的人士,大多数是分疆而治。除了住宅区分得一清二楚外,职业的性质也因民族和帮派的关系而有所区别。只因彼此互不往来,所以每个人的眼光都变成非常短浅,仅知道自己的特长,不知道人家的优点,驯至②夜郎自大,目空一切,这种幼稚的行动,难免会贻笑方家。

最近十几年来,由于交通日益发达,文娱的机会天天增加,所以各民族各帮派人士才开始时常接触。这样一来,新马的社会逐渐发挥文化交流的潜能。例如几年前,电影《刘三姐》在新加坡上演时,不但大街小巷都有人哼着《刘三姐》的山歌,而且印度同胞、马来同胞,也趋之若鹜。又如印度舞蹈的表演,从前仅限于印度的社团,最近几年来,经过政府和社会人士大力提倡后,无论华族人士或马来人士,都表示由衷的爱好。这不消说是文化交流的好现象。

第二,文化的混合(mixture)。刚才提到文化的交流,那是引起一个民族或一个帮派人士,开始欣赏另一个民族或另一个帮派的文化的开端。经过长期的接触和交流后,聪明的艺术家,便要发挥他们的长技,把各种文化的精华,兼收并蓄地放在一起,好让全体观众听众有所选择。

年来新马的电台、电视、戏院、文化馆时常把各民族各帮派最得意的杰作,拿来公开表演。在节目单里,我们经常可以看到各民族的舞蹈、音乐、戏剧。虽然因为时间关系，不容易淋漓尽致地充分发挥各民族文化的特长，但从这些混合表演里，社会人士不难认识各民族文化的一鳞半爪。

但是，混合的文化，好像李鸿章的拿手好戏"杂碎"一样，实在难登大雅之堂。所谓"混合"或"杂碎"，是草率的代名词，一涉草率，便不够认真，不够认真的作品，多少有生吞活剥的毛病。

第三，文化的化合（compound）。假如你说"混合"多少会流于生吞活剥的毛病，那么"化合"才是调和五味，造成有美皆备，无善不臻③的大筵席。大家都听过，极少数人也许曾尝过，中国巨型的筵席——满汉全席。在满汉全席里，中国各地区的美酒佳肴，接二连三地呈现于贵宾之前。五彩缤纷，百味俱陈，芳芬扑鼻，极尽色香味的能事。烹调的技术，达到这么崇高、这么美妙的地步，这才算是文化的化合，而"满汉全席"的大名，因之不胫而走。

话又说回来，文化的化合，不是一蹴而就④的，它需要长期的培养和耕耘，灌溉和施肥，急不得，懒不得。只要有心文化的人，抱着一定的目标，大家整齐步伐，从事慢而稳（slow but sure）的努力，经过长期的奋斗后，可能有水到渠成的一天。

1968 年 8 月 29 日

注释：

① 畛 (zhěn) 域：界限，范围。

② 驯 (xùn) 至：意思是逐渐达到，逐渐招致。

③ 臻 (zhēn)：达到。意为所有的善举都达到了完美的境地。

④ 一蹴 (cù) 而就：蹴，踏；就，成功。意为踏一步就成功，比喻事情轻而易举，一下子就成功。

12　文化事业需要特别奖励

> 文化事业是国家的菁华，是对外的代表，是顶尖儿最体面的事情。不过文化事业是慢性的，不是现蒸现卖的。它需要长期的培养，细心的看护，这才有开花结子的可能。

文化事业是国家的菁华，是对外的代表，是顶尖儿体面的事情。不过文化事业是慢性的，不是现蒸现卖的。它需要长期的培养，细心的看护，这才有开花结子的可能。

自英军准备定期撤退后，新马两地政府当局最关心的就是国防问题、经济问题、失业问题。为着防患于未然，政府当局对于工业化问题就特别注意。除了想尽办法来吸引国内外的资本家来投资外，还到处给工业家以种种便利。就在这种大力提倡下，新马的工业已具雏形，相信十年之后，各种工业将突飞猛进，给社会带来繁荣的气象。

新马工业化的远景那么美丽，谁也觉得很开心。但是，就文化事业而论，我们总觉得它多少没有受到应有的照顾。

文化事业包括出版、戏剧、音乐、美术，这些东西都是最脆弱的、娇嫩的,稍微大意一下,它们就会萎缩了。只因它们的功效在于将来,一般眼光短浅的人当然会视而不见、听而不闻,让它们自生自灭。到了真正萎靡不振之后,再谋补救的方法,恐怕也来不及了。

先谈出版业。除了几家历史悠久,资本雄厚,基础稳固的中英文报馆和书店外,单纯以出版书籍杂志做营业中心的出版业,似乎还没有一家能够站得住。只因出版业没有人支持,同时,又因整个社会被科举的遗毒所侵蚀,结果是有书没人看。再进一步,根本无书可看。须知"自然界厌恶真空"①,当本地根本不出书的时候,别地方所出的书当然会趁虚而入。到了相当时候,浓厚的自卑感便形成了。除了一天到晚羡慕别地方的出版业有多么光辉灿烂的成绩外,自己连尝试的勇气也完全失掉了。

再谈美术。自文艺复兴以来,意大利、法国、德国、英国的美术界给各自的国家争回极大的光荣。原因很简单,多数杰出的美术家既得到国家的奖励,又得到社会的支持,所以他们才能够安心定命。只要三五个艺术家能够打开一条血路,他们就能够造成一个强有力的学派。在那种情形下,"蓬生麻中,不扶自直",年青的一代,纵使不能超越前贤,至少也可以依样画葫芦。别的不敢说,最低限度的生活总可以维持下去。

说来怪可怜。当地的美术家,除了极少数的例外,差不多没有一个能够靠他们的画笔来谋生。那些有志向上的青年,例如多才多艺的黄明宗②,他在法国艺专攻读四年,而他的作品竟不蒙政府和社会人士的垂青。相反的,那些作品远不如黄明宗的美术家,他们通过人事的关系,却能如愿以偿。这种现象似乎不大健康,可惜很少人会注意到这事情。

再论戏剧。人生是个大剧场,戏剧是社会生活的缩影。要品评一个国家的文化的高低，戏剧是最适当的尺度。在欧美，他们有专门培养演员的戏剧学校。比较成功的艺人，他们既可演戏，又可以拍电影、电视，过着非常舒服的生活。新马到如今，还没有一间戏剧学校，偶尔排演一两场戏，这主要的是靠几间中学做台柱。姑定他们演得很成功，可是他们既没有市场，又得不到应有的报酬，到了相当时期，他们的兴趣低落了，接着，就掉头不顾了。

最后要谈音乐。像出版、美术、戏剧一样，音乐也得不到政府当局和社会人士的赞助。许多音乐家如想在维多利亚剧场、文化馆等地方演奏，首先要缴纳一笔租金，毫无通融的余地，至于门票有没有人买，收支能否相抵，谁也不会伸出同情之手，给他们以一臂之助。幸亏目前新马学习音乐的风气相当普遍，音乐家虽然公开演奏的机会不多，他们至少可以在家里招收学生，得到一些学费来解决生活问题，这也许可以说是不幸中之大幸。

古人说："重赏之下，必有勇夫。"任何事业，只要政府当局和社会人士肯大力提倡，迟早将收到应有的效果。

目前大家全神贯注到工业化，所以国内外的资本家都得到锦上添花的待遇。相反的，出版、美术、戏剧、音乐老是被人冷落，许多优秀的青年，正是无路请缨，怀才不遇。既要马儿好，又要马儿不吃草，世间哪里有这么便宜的事情。

1968 年 10 月 14 日

注释：

① 自然界厌恶真空：这是古希腊哲学家亚里士多德的名言"Nature abhors a vacuum."

② 黄明宗（1938— ）：新加坡著名的书画家，精通雕塑、水墨、书法、篆刻、版画、木刻、水彩、油画等。1958年毕业于新加坡南洋艺术学院。1964年在法国国立艺专高级雕塑系攻读五年，是新加坡第一届文化奖（1979）得主。

编者注：新加坡拉萨尔艺术学院（Lasalle College of the Arts）于1984年创立，是一所综合性艺术院校。学院设有美术、设计、媒体艺术、表演艺术等学系，并授予大专、学士、硕士学位。

13 提倡体育和舞蹈

> 我们最重要的目的,在于训练全国男女老幼的体格,使他们个个觉得精神奕奕,毫无倦容。只因为身体健康,精神愉快,无论治学治事,他们都能够应付裕如,对自己是一宗乐事,对人家会产生良好的印象。

这几天来,新加坡教师舞蹈训练班、新加坡女教师体育训练班先后举行盛大的纪念会,政府要员曾分别致词,一面奖励有加,一面指示今后发展的途径。虽然训练的期间过短,很难产生惊人的成绩,但是我们敢说,这是个良好的开端。今后只须掌握固定的目标,继续不断地往前努力,迟早将有丰富的收获。

西谚说:"健全的精神,寓于健全的身体。"[①]身体如不健康,整天跟药炉病榻为伍,虽生之日,犹死之年,人生实在了无乐趣。在那种情形下,活一天,算一天,什么远大的抱负,什么长久的计划,根本谈不上。

我们现在谈欧洲的文明,首先要提到希腊罗马。希腊斯巴达人的尚武精神,早已驰誉国际。罗马的哥罗塞姆竞技场(Colosseum),

虽然太过残忍，不合人道，不过这里多少可以反映出罗马人怎样崇尚体育。至于近代的奥林匹克运动会开幕时的马拉松式传递火炬的赛跑，也是导源于希腊时代的优秀传统。

自汉代思想定于一尊，政府以经术来取士之后，一般读书人都弱不禁风，手无缚鸡之力。可是在春秋战国时代，读书人照样维持高度的健康。孔门的六艺——礼、乐、射、御、书、数——其中除了书数两项，等于我们目前的语文和数学，其余四项都和身体的锻炼有关。射箭和驾车不必说，这些工作需要雄伟的体魄；礼貌并不限于应付进退，笑脸迎人，这很可能把社交场中的交际舞也包括在内；而音乐更是陶情养性的东西，使人觉得精神愉快。事实上，精神愉快才是增进健康的终南捷径。

谈到体育和舞蹈，这离不开组织问题。几十年来，新加坡的体育，尤其是篮球，在华校教师总会及业余篮球总会的鼓励下，曾创下不少功勋。每年一度的运动会，到会者达两万人，把惹兰勿刹体育场挤得水泄不通。这充分证明新加坡的男女青年对于体育的浓厚兴趣。

至于舞蹈，这并没有得到社会人士应有的认识。一般人认为左拥右抱的舞蹈，迹近猥亵，所以多数人都是偷偷摸摸地去学舞蹈，不敢冠冕堂皇地给舞蹈以应有的地位。年来情形比较改善，少数从欧美学成归来的舞蹈专家，他们不顾万苦千辛，创办舞蹈学院，教授生徒，颁发文凭，其中优秀的男女青年，有时在公共场合表演芭蕾舞，博得观众的好评。风气一开，舞蹈才受社会的重视。目前许多较富裕家庭的子女，在业余之暇，都愿意学习舞蹈，像他们喜欢学习音乐一样。相信在不久的将来，新加坡的舞蹈家将有极优越的表现。

平心而论，无论体育也罢，舞蹈也罢，最重要的是选择天资较高、性情较活泼的人才，并且加以非常严格的训练。新加坡不乏天分很高的青年,他们所需要的就是引人入胜的师资。年来美国时常派遣体育专家到新加坡来训练青年,这是个好机会,假如我们能邀请苏联第一流的芭蕾舞专家到这儿来做教练,三五年之后,我们的舞蹈人才辈出,不但使当地的舞蹈水准提高,而且可以时常出国表演,提高我国在国际舞蹈上的地位。

新加坡政府正在加冷劳动公园里建筑一间规模宏伟的运动场。将来这间运动场落成后,无论日常的训练,全国性、区域性的比赛活动,都可以顺利地在这间运动场举行。

至于舞蹈,它所需要的面积并不大。国家剧场、职工大厦、维多利亚剧院的场合已经够用。场所和教练的问题一一解决之后,剩下的问题只看个人怎样勤学苦练,以期达到炉火纯青的境界。

老实说,我们积极提倡体育和舞蹈,并不一定希望在竞赛场中要得到锦标,虽然我们如能得到冠军,这倒也不坏。但是,我们最重要的目的,在于训练全国男女老幼的体格,使他们个个觉得精神奕奕,毫无倦容。只因为身体健康,精神愉快,无论治学治事,他们都能够应付裕如,对自己是一宗乐事,对人家会产生良好的印象。

体育和舞蹈,好像饮食、睡眠、看报一样,早已成为每个人日常生活的一部分。从今以后,我们希望每个公民,尤其是青年男女对于体育和舞蹈有正确的认识,选择良师,加紧练习,这是发扬文化的基本工作,千万不要把体育当作可有可无的事情。

1969 年 11 月 25 日

注释:

① 健全的精神,寓于健全的身体:西方谚语,A sound mind is in a sound body.

第三辑
教育兴国

1　华侨的文化与教育

> 我们需要一间以英文为教学媒介的大学,同时,也需要一间以中文为教学媒介的大学。将来由纯粹的英式大学及纯粹的中式大学相互交换教授和学生,介绍和翻译中英的著名典籍,久而久之,中英文化日见融会贯通造成当地的文化,只有这样来历的文化才能够生根,才能够开花结果,才能够立足于世界。

文化是目标,教育是手段;但是有的时候,教育是目标,文化又是手段。其实文化和教育的关系那么密切,我们很难分出轻重厚薄。尤其在此时此地从事文化与教育工作的人,好像沙漠上的脚印一样,除了不共戴天的仇敌外,谁都会把同行引为同路人。

南洋本来是苦力埠。最近三五十年来,由于国内的文化与教育的斗士不断南来做拓荒工作,文化与教育机关便逐渐发达起来。就现有的成就而论,南洋的华侨小学教育比较国内还普及,南洋的华文报纸和读者的比例也高于祖国[①]。海外孤儿单凭自己的血汗的辛勤，不靠枪炮及政治力量的帮助，居然能够在异乡立足，而且能够宣扬古国的文明，发挥我们光荣的爱好和平的传统，这不能不说是华侨的伟大。

但是，树大招风。华侨这种心地光明的生活习惯，不为外人所谅解。从前日本人骂华侨为犹太人，现在欧洲人对于华侨也缺乏正确彻底的认识。由于欧洲人缺乏正确彻底的认识，少数深文周纳[②]的人，便故意播弄是非，今天加一个条例，明天又通过一个法案。法立弊生，除少数人可能得到一点好处外，全体良善的华侨莫不暗中叫苦。

由于马来亚的动荡不安，一些有光荣历史的华侨学校，便成为当局的注意对象。今年5月间，华桥中学和南洋女中之被包围并暂时停课，识者都认为这是小题大做。其实一间千把个学生的学校，偶尔有几十个学生关心政治，这种比例远不如热心赛马赌博的人。我们认为学生在课余之暇，多看几分报纸、杂志、或时事的书籍，不但不会妨碍功课，而且可以加强"天下兴亡，匹夫有责"的决心。只要在校的学生没有轨外的行动，他们的留心政治正可证明他们很有抱负。聪明的教职员，甚至教育当局，应该因势利导，时常举行时事座谈，时事演讲，提供具体的事实，说明复杂的背景，分析事情的是非利害，判定前途的黑暗光明。此外，还须指导他们多看一些有价值的书。关心政治的学生，经过师长循循善诱后，他们对于复杂微妙的政治问题，将有进一步的认识。这比一味高压的手段，禁止这活动，查办那聚会，实在有益得多。

政治问题好像恋爱问题一样，是青年人的切身问题。聪明的教职员，甚至教育当局，应该以识途老马的精神，很坦白地跟他们恳恳深谈，万勿以长辈的态度，故作违背良心的大言。学生是纯洁的，他们是只问是非，不顾利害的。学校教职员，甚至教育当局，如果不能满足他们的好奇心，单纯以利害来打动他们的心，结果，恐怕会陷于"民免而无耻"③的地步。

我们知道，华侨的教育，小学比较普遍；中学已经寥寥可数，而且设备不佳，师资有限，要发展相当困难。目前因为移民条例非常严格，新从国内南来的文化教育人士几乎绝迹，将来各中学的师资将成大问题。

为提高华侨的教育程度起见，中华总商会会长陈六使先生④特地提出创办中文大学这问题。陈先生是脚踏实地的人，从来不爱放言高论。他曾慨捐30万元给马来亚大学，现在他又立志创办一间中文大学，这表明他多么关心侨教，同时也证明他多么注意马来亚的前途。

马来亚的华侨占当地人口的半数，马来亚需要一间以英文为教学媒介的马来亚大学，同时，他也非常需要一间以中文为教学媒介的中文大学。将来由纯粹的英式大学及纯粹的中式大学相互交换教授和学生，介绍和翻译中英的著名典籍，久而久之，中英文化日见融会贯通造成道地的马来亚文化，只有这样，马来亚文化才能够生根，才能够开花结果，才能够立足于世界。

根据这个正确的观点来研究，谁也知道压迫华侨教育，藐视华侨教育的人，是未来马来亚的罪人。反之，那些真正爱护马来亚的人，应该把英文和中文教育等量齐观，为的是教育的目的是发展个性。中国人应该多学中文，好像英国人应该多学英文一样，完全是顺着天性来发挥，而不是把学生当着笨鸭那样，随便给牠灌输牠所不能接受的东西。

在未来的中文大学还没有成立之前，华文的报纸、杂志、书籍的编者和作者，须负起传播文化的责任。当代英国的名士，论前进莫如萧伯纳，论保守莫如邱吉尔。这两位先生都没有进过大学，他们的精神粮食和文化导师，主要是报纸杂志书籍。他们不但是报纸杂志的爱好者，而且都做过名记者；他们不但是书籍的精研者，而且都是伟大的著作家。从萧邱二巨头的成功，我们可见文化和教育的关系是多么密切。

旅居南洋的文化与教育的斗士们啊，你们的物质生活是清苦的，但你们精神上的收获是丰富的。任重道远，万勿因环境的恶劣而裹足不前。

1950 年 9 月 19 日

注释：

①祖国：新加坡和马来亚还没有独立以前，这两个地方都是英国的殖民地。从中国南来旅居南洋的中国人所指的祖国自然是中国。

②深文周纳：出自《史记·酷吏列传》，指苛刻地或歪曲地引用法律条文，把无罪的人定成有罪。

③民免而无耻：出自《论语·为政》，"道之以政，齐之以刑，民免而无耻；道之以德，齐之以礼，有耻且格"。意思是以政令来教导，以刑罚来管束，百姓会因求免于刑罚而服从，但不知羞耻；以德行来教化，以礼制来约束，百姓会知道羞耻并且可以走上正善之途。

④陈六使（1897—1972）：东南亚著名的企业家、慈善家。陈六使一生最重要的贡献是倡议和创办南洋大学，并捐献新加坡币 500 万元作为建校基金。同时又以福建会馆主席的名誉捐献了 523 英亩在裕廊路地段的云南园作为南洋大学的校园，以此受到华侨的尊重。由于新加坡政府不认同陈六使的立场，于 1963 年吊销他的公民权。

2　尊师运动的重要性

> 我们觉得在此时此地来提倡这种运动,是移风易俗的一个关键。因此,我们贡献一得之愚,望社会上有力人士在扩充华校校舍,增加教师薪俸,充实图书设备,积极奖励教师等方面下一番工夫。十年树木,百年树人,尊重教师,才是奠定社会基础,造成良好风气的长久大计。

中国的文化到了南洋①已近尾声,欧洲文明到了南洋也走上末路。本来处于欧亚十字路口的南洋,是负着沟通东西文化,吸收新旧文明责任的,只因南洋开埠不过百年,先天不足,后天又缺乏社会有力人士的栽培,造成文化的贫血症。

在中国古代,"万般皆下品,唯有读书高",博学之士,不但有机会发挥个人的抱负,也可开设书院,传道授业。论者一谈到宋朝的四大书院——白鹿、石鼓、应天,岳麓——谁都一致承认这是作育人才的好所在。

自清末废书院、设学堂,中国的教育便参酌欧美的成规,次第成立各级学校。过去几十年间,由学校出身的人才早已成为社会的中坚分子。其中有些规模宏大的大学,因为设备充实,待遇优良,教授于传道授业之余，还可著书立说，与国际学术界争一日的短长。假如没有过去十几年连续不断战争的摧残，我们相信在学术上，中国大可与欧美先进国相抗衡。

南洋是转口贸易的商埠，是工业原料的供应所，是工业制造品的消费场。第一流人才多在商场上大展宏图，谁也不愿意把教书当作终身职业或事业。在普通社会的应酬上，你如给一个新客②介绍朋友，说这位是某某商号的"头家"③，谁都表示欢迎。另一方面，假如你说那位是某某学校的教师，十九都抱着敬而远之的态度。头家得到热烈招呼，教师无端遭遇白眼，人情冷暖，世态炎凉，这从头家与教师两种人的身份上完全暴露出来。

但是，教师到处受人冷酷的待遇，这并非社会的好现象。反之，这充分说明此地的文化落后，所以当教师的人物才陷于十分落魄的地步。

撇开马来亚大学及英校不谈，南洋华校的校舍多是因陋就简的。一间校舍一天要开三班，教师没有宿舍，学生也缺乏活动的机会。教师一家八口，挤在人烟稠密的大街小巷里的一间"尾房"④，生活起居，尽在于斯。白天忙于课务，晚上得不到休息，传道授业的乐趣被抹杀了，著书立说的雄心被摧残了。身任天下最清高的职业，全家过着人间最清苦的生活。试问聪明人谁能够长期忍受华校教师的物质环境？

战后南洋的物价平均高涨五倍，可是教师所得的待遇至多增加三倍。名义上，薪俸是增加了，实际上，他们的收入是减少了。普通中学教师必须兼任两三份职务，才可勉强度过柴米油盐酱醋茶的难关。他们没有娱乐，他们不能跟人家应酬，他们更没有机会旅行。老实说，华校教师的薪俸至多能够维持个人的生存（existence），很难享受快意的生活（life）。一天忙到晚，年头干到年底，为的是起码的生存条件，比较充实的生活都无法享受，这岂非人间的悲剧？

学校毕业，只算是学问的开始，不是学业的完成。离开校门，开始过着粉笔生涯的人，他们的精神食粮和导师全靠丰富的图书馆。南洋的公共图书馆十分简陋，私人藏书更是少得可怜。一般教师在生活的鞭策下，想逃避现实，乐琴书以解忧，实在苦无门路。他们既没有看书的机会，又缺少充分的时间，所以在南洋教书十年二十年以上的人，要思想赶得上时代，学术达到国内或国际的水准，真是谈何容易。

人类是感情的动物，尤其是感受性非常灵敏的教书先生，如能得到社会上合理的奖励，他们会力图上进，更努力为社会服务。可是一天过一天，一年又一年，他们始终得不到社会半点奖励。反之，国内稍微有一点名气的电影明星来到南洋，个个被社会上有力分子这儿欢迎、那儿欢送，张三来个酒会，李四开个欢迎会，一夕费用，总够一个穷教师筋疲力尽地苦教一年。相形见绌，有苦无处诉，这是一般教师的命运。

本坡华人基督教青年会会长郑惠明先生有见及此，特发起尊师运动周，提倡尊重师道的重要性。我们觉得在此时此地来提倡这种运动，是移风易俗的一个关键。因此，我们贡献一得之愚，望社会上有力人士在扩充华校校舍，增加教师薪俸，充实图书设备，积极奖励教师等方面下一番工夫。十年树木，百年树人，尊重教师，才是奠定社会基础，造成良好风气的长久大计。

1950 年 11 月 7 日

注释：

① 南洋：是明清时期对东南亚一带的称呼，是以中国为中心的概念。包括马来西亚、新加坡、印尼，也包括中南半岛等国家和地区。

② 新客：指19世纪后期及之后移民到马来西亚、新加坡的华人。

③ 头家：闽南方言，即老板。新马许多成功的商人是福建人，"头家"是常用语。

④ 尾房：当年居住条件恶劣，一间房子会被隔成多个房间，分别出租给不同的人家。最差的房间通常在屋子的最后面，不但阴暗，空气又不流通。

编者注：英文中的"Commencement"也意为高中或大学的毕业典礼。其实学业的结束正是踏入社会的开始。

3　重申创办南大的宗旨

> 创办南大的宗旨，在于培养华校师资，作育工商人才，造就行政人员三点。

南洋大学的创办，可以说是得力于客观环境的督促，主观力量的充实。假如不是当地政府过分扶植英校，抑制华校，津贴金分配得很平均，统制的条例比较放松，那么一般人恐怕会因循敷衍，得过且过，用不着另立炉灶，创办一间大学。假如首先发难的人，不是有远见有胆量的陈六使先生，自己以身作则地首先捐出巨款来倡导，那么共襄义举的同胞绝对不会这样普遍而热烈。老实说，此时此地创办南大，可说是顺天应人。只要校务委员会组织健全，抱定创办南大的宗旨，筹募足够的基金；只要执行校政的人没有政治的偏见，消除封建的观念，不任用私人，不浪费公帑①，我们没有理由相信南大没有光明的前途。

日来南大的主要负责人次第抵新，南大执委会主席陈六使先生为尽东道主之谊，特地设宴欢迎，席间发表洋洋数千言的演讲词，重申创办南大的宗旨，尤其培养华校师资，作育工商人才，造就行政人员三点，反复说明。"仁人之言，其利溥哉"②，办学宗旨能够这么坚定，这才可以进一步谈到实施。

我们知道，战后国际形势陡变，各地华侨学校遭遇空前的困难。

一方面学生人数激增，一方面师资锐减。到了每学期结束的时候，各学校的负责人整天忙着聘请教员。在战前，连小学教员也可以向国内聘请，现在因为当地中学毕业生的人数逐渐增加，小学教员并不难物色。可是，一谈到办中学，问题就来了。年纪大一点的教员，受不了过分清苦生活的煎熬，有的转业，有的老死，剩下少数较优秀的教员，大家抢来抢去。华校师资的恐慌，没有比目前更严重。

马来亚大学的创办，给当地制造不少英文人才，这些人才的出路，不外政府机关、商业机构、英文学校。因为英校的教员有这一批后备军，同时，它们可以尽量向英国、澳洲、印度、锡兰（斯里兰卡旧称）去找救兵，所以英校的师资根本不成问题。另一方面，华校的师资问题却越来越严重。为解决师资的恐慌，南大的创办可说是必然的趋势。

认定这个大前提，南大的课程须以中文为主体，教授工具须以中文为中心。我们固然知道在这十里洋场的新加坡，中文和英文有同样的重要性，但是"群山万壑，必有主峰"，像马来亚大学偏重英文一样，南洋大学应该名正言顺地特别注重中文。一来这能够适应环境的需要；二来，因为集中精力，更容易表现特色。将来校务蒸蒸日上之后，我们不但要同样发展英文系，而且须兼顾马来文、印度文，甚至东南亚各地的语文。不过这是将来的事情，暂且不表。

新加坡是个商业城市，年来已经往工业化的途径迈进。因此，关于工商业的专门人才，我们绝对不能忽视。本来学校和社会是有连带关系的，社会仅算是学校的扩大。为适应社会迫切的要求起见，偏重理论的人才固然要培植，"学以致用"的人才更应该作育。理论与实践并施，本体和效用兼顾，我们相信南大出身的学生不怕没有出路。

马来亚的独立，仅是时间上问题。目前政府各部门统由英国人负责，假如事情做得不妥当，我们可以尽量指责人家。将来马来亚独立后，我们应该以主人翁的地位，参与当地的政治，从立法会议到行政机构，从各部首长到专门技术人员，在在需要学有专长的人才来担任。换句话说，除作育工商人才须由理工学院和商学院负专责外，其他两点——培养华校师资，造就行政人员——须由文学院多负一部分责任。

总之，海外千万华侨，因为念念不忘中华文化，所以他们胼手胝足寻求生活之余，总以兴办学校为己任。由小学，而初中，而高中；由通都大邑，普及于穷乡僻壤；现在水到渠成，创办大学可说正合时机。不过百尺高楼从地起，计划不妨要远大，实施必须脚踏实地、量入为出，不然，看上不看下、看远不看近，缓其所急、急其所缓，计划没有实施，凭空增加许多不必要的阻碍，这绝不是创办南大的人的本意。

1954 年 11 月 17 日

注释：

① 公帑 (tǎng)：公款。

② 仁人之言，其利溥哉：出自《左传·昭公三年》。溥 (pǔ)，亦作博，博大，广泛之意。意思是仁者的话，能使人得到很大的好处。

编者注：南洋大学自 1956 年开课至 1980 年止，作育英才 25 年，培养了 12,000 多名毕业生。后因新加坡政府的教育政策以英文为主，南洋大学终于在 1980 年并入新加坡大学而成为新加坡国立大学。1981 年，新加坡政府在原南洋大学校址成立了南洋理工学院，并在 1991 年重组成为现今的南洋理工大学。

4 怎样提高文化水准

> 社会的风尚，五年一小变，十年一大变。五年十年前红得发紫的人，时过境迁，他们已被人遗忘了。为着保全艺坛的实力，我们除了吸收现有人才外，最重要是培养未来的人才。

自新政府①上台后，它特地成立一个文化部来推动本邦的文化工作。主持文化部的要员多是内行人。他们本着多年致力于文化事业的经验，驾轻就熟，所以他们的种种措施，多和民意相符合。

然而文化是百年大计，不能一蹴而就。这儿需要有远见、有计划、有魄力。不然，无情的时间，一年一年的过去，我们恐怕不会有突出的表现。

和马来亚有密切关系的莫过于四个国家，就是中国、印度、印尼、英国。我们的文化虽导源于这四个国家，但我们不能一味抄袭任何一个国家。我们仅能吸收人家的特长，化为自己的血液，我们绝对不能把人家的成就，当成自己的成就。

关于创造马来亚文化这问题，新加坡文化部长拉惹勒南②曾一再发表长文来讨论。现在仅提出我们的意见，以供参考。

第一，吸收现有人才。三十年来，由中国南来的艺术家，在新加坡、联合邦③，甚至整个南洋，都发生积极的作用。现在这些艺术家，有的已经老死，有的回到原籍，有的却留在当地生根。他们所传播的艺术种子，多数已经成熟，能够给当地做最大的贡献。

对于这些现有的人才，我们希望政府尽量罗致。虽然由于世界潮流激进，有些人恐怕不容易赶得上时代，但他们根据传统所学得的艺术，仍有可以采用的地方。

在过去，他们是处于自生自灭的状态。无情的生活鞭子，往往使他们喘不过气来。假如政府能够顾虑到他们的生活，使他们能够安居，那么他们一定会竭尽他们的知识和技能，成为艺术的前锋。

第二，培植未来人才。现有的人才，无论怎样高明，他们多数已经年老力衰，能为艺坛效命的时间不算太长。的确，"长江后浪推前浪，一代新人换旧人"。社会变迁的迅速，往往出人意料之外。

一般说来，社会的风尚，五年一小变，十年一大变。五年十年前红得发紫的人，时过境迁，他们已被人遗忘了。为着保全艺坛的实力，我们除了吸收现有人才外，最重要是培养未来的人才。

平心而论，现有的人才多是囿于门户之见④，他们有自己的一套作风，要改头换面，相当不容易。培植未来人材，虽然需要较长的时间，但他们好像一匹雪白的丝绸那样，我们要怎样着色，可以随心所欲，不会遭受太大的困难。

据我们知道，本邦的几间最高学府，甚至一些比较有声誉的中学，有的是优秀的学生。他们具备无比的热诚，他们拥有最高的求知欲，他们包藏至大的进取心。只要各文化机构的主持人，本着诲人不倦的精神，循循善诱，相信他们将来的成就，将超越前人。

第三，欢迎外来艺术家。新加坡为东南亚的交通枢纽，各地艺术家经常到这儿来表演。他们每次演出，都留下不可磨灭的印象。年轻人的模仿性大，创造力更强，他们经常和外来的艺术家接触，很快会接受新方法、新作风。

在本月中旬及下月初，将先后有两位蜚声世界乐坛的音乐家到这儿来表演。一位是波兰名钢琴家马辜申斯基[5]，另一位是德国名钢琴家达尔。他们的成就都达到国际的最高水准，所以他们的表演，自然而然地会起了示范作用。

可惜年来到本邦来表演的，以钢琴和小提琴家占多数。其他如画家、声乐家、舞蹈家、戏剧团体，却不可多得。假如我们打开门禁，欢迎外来的艺术家前来表演，肯定会有很大的收获。

第四，准备出国访问。几年前，本邦四画家前往印尼访问，寥寥两个月，他们满载而归地带回许多新作品。的确，久居一个地方的人，感觉未免迟钝，甚至根本没有反应。但是，如果到一个新地方，马上就有新刺激、新反应。

谈艺术的人，谁也不否认灵感，可是，灵感是新刺激和新反应的结果。假如我们的优秀艺人有机会出国访问，那么他们在精神的鼓励下，很快就有所表现。

以上四点，是培养本邦艺人的主要办法。相信文化部当局早已有全盘计划，而我们的建议，仅算是一种催促的作用罢了。

1961 年 3 月 13 日

注解：

① 新政府：新加坡原为英国的殖民地。1959 年新加坡自治邦正式成立，由在大选中获胜的人民行动党秘书长李光耀出任总理。

② 拉惹勒南 (Sinnathamby Rajaratnam 1915—2006)：新加坡的建国先驱，曾任副总理和高级部长。

③ 联合邦：指马来亚联合邦，它于 1957 年独立，成为英联邦的成员。版图包括马来亚半岛的九个州及槟城与马六甲。

④ 囿于门户之见：囿 (yòu)：局限。意思是被自己的学术门派观念所束缚的想法。

⑤ 马辜申斯基 (Witold Malcuzynski 1914—1977)：是波兰杰出的钢琴家，他最擅长演奏肖邦的作品。

5　鼓起人民的读书风气

> 课室仅是传道授业、质疑问难的一个场所，其余大部分的知识，须在图书馆里慢慢钻研、摸索。

新加坡文化部和图书馆协会联合主办的图书馆周，已于昨天下午由文化部长拉惹勒南先生主持开幕。

图书馆周联合本邦国家图书馆、马大、南大、工艺学院、师训学院的图书馆①一同举行。主题是"书籍与建国"，目的在于培养人民对于读书的兴趣，鼓起人民的读书风气，并使人民了解图书馆在社会生活中的重要性。

普通人把读书生活限于课室，这种观念是错误的。须知课室仅是传道授业、质疑问难的一个场所，其余大部分的知识，须在图书馆里慢慢钻研、摸索。起初也许会觉得茫无头绪，久而久之，你自然会对图书馆产生很大的兴趣。当你养成上图书馆的习惯后，你的知识领域将逐渐扩大，同时，你会发觉图书馆有无穷的妙用。

在出版业落后的国家，各种工艺全靠口授。因为口授的范围仅限于极少数的得意门生，所以知识传播得很慢。万一广孚众望的大师死了，许多宝贵的经验将失传，而后人又要从头做起，这对于人类文化的进展无疑地是个大损失。

在出版业发达的国家，任何领域的学问，都有专门的著作来说明。好学深思的青年，找到一本良好的入门书，很快就抓到门径，然后根据该入门书所列的参考书目录，按图索骥，由一个问题引发更多的问题，由一本书指引到更多的书，知识越积越多，兴趣越来越浓。当你达到欲罢不能的境界时，你可以说是一个饱学之士了。

但是，个人的见识既有限，金钱也有限。无论你怎样喜欢买书，你至多只能买到极小的部分，至于大部头的参考书、善本书②、手稿、实物，仅有规模宏大的图书馆才有办法收集，个人难免有挂一漏万之慨。

因为图书馆是人类文化的总汇，所以各先进国都倾全力来支持图书馆的发展。我们要衡量一个国家文化水准的高低，只须到该国的国家图书馆走一趟，便知端的③。别的不用说，光是大英博物院图书馆、美国国会图书馆、法国国立图书馆、中国国立北京图书馆，里边设备的充实，藏书的丰富，阅览者的众多，就够你大开眼界。

老实说，时常上国立图书馆的人，自然而然会觉得学海无涯，而自己所知道的仅是沧海一粟。假如不焚膏继晷④，急起直追，恐怕难免浅陋之诮。

在文化发达的国家里，除国立图书馆外，各著名大学都具有相当规模的图书馆。除大学中央图书馆外，各院各系还有专门的图书馆。学问越分越细微，专家学者的特长，就在于细微处用功。古人所谓"读书得间""学贵乎心得"，这只有长期努力的专家学者，才能领略剥笋那样的乐趣。

新加坡国家图书馆的成立，是本邦文化史上的一个里程碑。这间国家图书馆的前身，为莱佛士图书馆⑤，除了"Q"部以收藏南洋问题有关的资料见称于世外，其余大多为学校课本，而且限于英文书籍。

自国家图书馆成立后,中文、巫文、印文的书籍才开始受到注意。目前该图书馆的藏书的质量差强人意,但是,万事起头难,国家图书馆既然立定规模,此后大可按照原定计划大事扩展了。

图书馆周是个很有意义的运动,它能鼓起人民读书的风气。我们想乘这个机会,提出两个建议:

第一,鼓励私人献书运动。新加坡私人藏书的数量不少,假如这些私人藏书家愿意把自己所心爱的书籍,在适当的时期,全部或局部捐献给国家图书馆,这将使国家图书馆的收藏日益丰富。

第二,编印联合图书目录。图书馆周联合了新加坡最大的五间图书馆举行,这是很有意义的。老实说,这五间图书馆如能通力合作,编印联合图书目录,使阅览者一目了然,知道某种书藏于某个图书馆,甚至借助国家图书馆的力量,替读者代借,这真是功德无量。这种工作,美国的二三十间图书馆早已实施,新加坡是个弹丸小岛,干起来当然更见容易。

图书馆是启发民智的秘钥,这儿我们谨祝图书馆周,胜利地完成它的任务。

1961 年 6 月 25 日

注释:

① 图书馆:这里指的是国家图书馆,马来亚大学新加坡校园,南洋大学,新加坡工艺学院,师资训练学院的图书馆。

② 善本书:最早是指校勘严密,刻印精美的古籍。真正的善本应着重于古籍的内容,及它的科学研究价值和历史文物价值。

③ 端的 (dì):确实,底细。

④ 焚膏继晷：膏，油脂之类，指灯烛。晷 (guǐ)，日光。后以"焚膏继晷"形容夜以继日地勤奋学习、工作等。

⑤ 莱佛士图书馆：成立于 1874 年。地址就在现在的新加坡国家博物院。当年图书馆有个"Q"部 (Q Section) 收藏南洋问题的文献，现属于国家文献遗产的主要部分。

编者注：新加坡国家图书馆是目前东南亚规模最大、设施最先进的图书馆之一。它于 1960 年正式启用，2005 年另选新址重建。新馆面积有 11,304 平方米，由两栋 16 层的建筑物组成。除此之外，新加坡还有 25 间设备完善的社区图书馆。根据 2013 年资料，图书馆收藏超过八百万件书籍文物。

6　义安学院开学典礼

> 潮州人对南洋各地有二大贡献：一方面，刻苦耐劳，尊重学术文化；另一方面，工馀之暇，最懂得生活的艺术，尤其音乐、戏剧、烹调三者，潮州人在南洋各地的影响。已经家喻户晓。

中国文化，从黄河流域扩大到长江流域，延长到珠江流域。从时间上看来，南方各省开化较晚。但是，自唐宋以来，福建、广东的人才辈出，这主要是得力于三个大文豪、大思想家，尤其是韩文公①之于潮州，朱文公②之于漳州，苏文忠公③之于惠州、海南。他们的足迹所至，文风即刻旺盛。难怪英国大文豪卡莱尔④认为"历史是由少数人造成的。"

在科举时代里，读书人唯一的出路就是做官。到了官职掉了之后，被皇帝谪迁到万里蛮荒的地域，这无异宣判死刑。当韩文公高唱"一封朝奏九重天，夕贬潮阳路八千"⑤的时候，他的满腹牢骚，我们可以想见。假如普通的风尘俗吏处在他的地位，难免会一把眼泪，一把鼻涕，说不出内心的苦楚。然而胸襟旷达的韩文公，他不但懂得逆来顺受，而且不惜以衰朽的残年，胆敢与瘴雨蛮烟斗争，与颓风陋俗抵抗，终于把本来没有开化的潮州，蔚为中国南部的一个重镇。难怪韩文公死后，全体潮州人士念念不忘他的功德，以"韩山""韩江"来纪念"文起八代之衰"的大文豪。

现在谈优生学的人，最注意"种子"，这是很有理由的。自韩文公在潮州播下健全而丰富的文化种子之后，潮州的人才层出不穷，无论中国的通都大邑，或是南洋各地的大城小镇，总有潮州人献身社会活动的机会。据我们的观察，潮州人对南洋各地有二大贡献：一方面，刻苦耐劳，尊重学术文化；另一方面，工馀之暇，最懂得生活的艺术，尤其音乐、戏剧、烹调三者。潮州人在南洋各地的影响，已经家喻户晓，用不着我们来仔细介绍。

当五六十年前，中国废除科举制度，创办新式学校的时候，新加坡的华人不甘落后，各帮纷纷建校，其中最负盛名的如福建的道南学校、广肇的养正学校、潮州的端蒙学校、客家的启发学校、福州的三山学校、琼州的育英学校等。

随着各小学毕业生继续不断地离校，华侨中学、中正中学，以及其他各中学便应运而生。起初，各华校毕业生是准备到中国各大学升学的。到了 1950 年后，国际形势大变，当地金融界、文化界有力分子才想到就地创办大学。经过多年的筹备，遭遇种种的困难，南洋大学才在 1956 年春正式开课。

时间过得真快，南大第四届毕业生已经到社会来服务了。可是一般青年对于高等教育的要求却越来越迫切，单纯一间国立的新加坡大学，一间私立的南洋大学，恐怕容纳不下许多有志向上的青年。因此，经过两三年的筹备，义安学院才定于今天举行隆重的开学典礼。

在教育比较发达的国家里，大学和学院林立。其中办得最出色的，多数是私立大学，如美国的哈佛大学、耶鲁大学、芝加哥大学、哥伦比亚大学，都是以私立大学的资格，领导其他各州立大学。

现在我们民间办的南洋大学和义安学院，也是以私立大学资格问世。在可能范围内，我们希望水秀山明的槟城也创办一间民间大学，和新加坡的南洋大学、义安学院鼎足而三。在友谊的竞赛下，各大学当局及教职员、学生，都要倾全力来争取上游，因而促进当地高等教育的发展。

本来办学不难，难在于设备和师资。假如设备很充实，师资很高明，那么"十室之邑，必有忠信"⑥。

在大学四年训练的过程中，最好是质和量并重。这是说，学生要多又要好。假如二者不可兼得，那么我们宁可重质不重量，不应该重量不重质。因为按照前一方法，毕业生的人数也许不会太多。但是，有一个算一个，有两个算一双，使每个毕业生都有真才实学，为社会效命，并且赢得社会的信任。相反地，假如按照后一方法，毕业生源源而来，良莠不齐，一经考验，当场就要缴械。结果，使品学兼优的学生，难免要受到程度参差不齐的学生的负累。

根据上述的分析，我们一面赞成多开几间大学，另一面却注重最严格的训练。至少须像国际著名大学那样，年年淘汰，使所有毕业生都达到相当的水准，同时，使他们将来的出路更有把握。

义安学院当局懂得脚踏实地，先由单独一间学院办起，等到各种条件齐备之后，再扩而充之，发展成大学。这种实事求是的作风，是值得人嘉许的。

这间学院，名誉上是属于义安公司，但它是敞开大门，让任何种族的人士来深造。因此，政府当局、社会人士，甚至各友邦的慈善家，如能予该院以精神上物质上的支持，这无疑是对本邦的高等教育的最大贡献。

注解：

① 韩文公（768—824）：韩愈，字退之，是唐代杰出的文学家、思想家、哲学家。因谏阻天子迎佛骨，被贬为潮州刺史。到了潮州之后，韩愈用心治民兴学，深受人民爱戴。苏轼称赞他"文起八代之衰，道济天下之溺"。

② 朱文公（1130—1200）：朱熹，宋朝著名的理学家、思想家、哲学家、教育家、诗人，闽学派的代表人物，儒学集大成者，世尊称为朱子。

③ 苏文忠公（1037—1101）：苏轼，字子瞻，号东坡居士。北宋文豪。他的诗、词、赋、散文都有极高的成就，而且善书法和绘画，是中国文学艺术史上罕见的全才。

④ 卡莱尔（Thomas Carlyle，1795—1881）：苏格兰评论家、讽刺作家、历史学家。他的作品在维多利亚时代甚具影响力。

⑤ 一封朝奏九重天，夕贬潮阳路八千：出自韩愈的《左迁至蓝关示侄孙湘》。

⑥ 十室之邑，必有忠信：出自《论语·公冶长》。意思是即使是十户人家的地方，也一定有忠诚信实的人。指处处都有贤人。

编者注： 义安学院是由新加坡潮州人社团——义安公司所创办。学院于1963年5月25日开课，是新加坡最早成立的理工学院之一。1982年改名为义安理工学院（Ngee Ann Polytechnic），是新加坡政府创办的5所理工学院之一。

7   巾帼不让须眉

> 瓦莲京娜在太空飞行上的成就,又给我们一种有力的证明,即男人能够做的事情,妇女照样也能做。

在封建社会里,一般人受了"女子无才便是德"错误观念的支配,谁也不让女子有受良好教育的机会。只因女子没有机会受教育,所以她们的才具没有发展的余地,久而久之,连女子本身也心甘情愿地屈居于下风。

自女权解放后,一般妇女在政治上、科学上、文学上就有了卓越的表现。大家知道,英国曾出了两位女皇——伊丽莎白女皇和维多利亚女皇——就在这两位女皇的统治下,英国声威广播,无论文治武功,都使人啧啧称善。到了战后,印度的潘迪特夫人[①]曾任联合国的主席,锡兰的班达拉奈克夫人[②]为现任锡兰总理,这充分证明,男人能够做到的事情,妇女也照样能做。

在科学上,从放射学的开山祖师居里夫人到世界著名物理学家吴健雄;在文学上,从十九世纪英国的奥斯汀女士到现在美国的名作家赛珍珠女士,她们在智力的竞赛上,早已显现她们的卓越天才。

至于体力劳动,从前人认为妇女绝对做不到,可是在大战期间,英勇的妇女也执干戈以卫社稷,她们出入于枪林弹雨中,建筑防御工事,驾驶火车、汽车,从事救死扶伤的工作。这些可歌可泣的事件,早已使人对妇女的观念完全改变。

据电讯的报导,苏联妇女瓦莲京娜③已于本月 16 日进入太空,这是妇女界有史以来的第一次。她和较早前已进入太空的拜科夫斯基(Valery Bykovsky)联系,同时,已建立双线的无线电联络。

瓦莲京娜在太空飞行上的成就,又给我们一次有力的证明,即男人能够做的事情,妇女照样也能做。

今年 26 岁的瓦莲京娜,是个农家女,父亲当拖拉机工人。她曾在工厂做工,也受过降落伞队的训练。只因平时对于太空飞行很有兴趣,所以她愿意接受严格的训练和批评。经过长期的实习后,她终于进入太空,给全世界英勇有为的妇女写下了新的篇章。

从瓦莲京娜的成功,妇女可得到几种启示:

第一,培植高尚的志趣。我们注意到,不少妇女,有的受过良好的教育,有的处于优越的环境,照理,她们应该对社会有突出的表现。只因她们没有正确的社会引导,同时,又缺乏家庭的支持,所以她们没有机会发挥潜能。

第二,养成刻苦耐劳的精神。好逸恶劳,本是人之常情,何况有些认为自己是天生丽质的妇女,拿不得重,举不得轻,久而久之,就连缚鸡的力气也逐渐丧失了。因为体力太差,健康欠佳,对于比较艰苦困难的事情,她们早已心寒胆破,更不用说有冒险尝试的勇气。

西洋有句俗语:"寓健全的精神于健全的身体。"身体不佳,万事无从说起。你瞧,瓦莲京娜出身于农村家庭,沐雨栉风、披星戴月,在贵妇人的心目中,这是再辛苦不过的事情,可是瓦莲京娜最得力处，就是这种自然环境的熏陶。由于身体壮健，她才具备无比的雄心，无论工厂的工作，或跳伞队的训练，她都处之泰然。这儿看见，健康的体魄是担负重任的起码条件。

第三，增进丰富的常识。做一个普通的飞行师，他必须有丰富的常识，不然，他就没法子驾驭那么复杂的机件。做一个太空的飞行师，他所需要的天文学、地理学、机械学、电学、声学、光学的知识，恐怕比一个大学理科毕业生还多。当瓦莲京娜立志做太空飞行师后，她一定要经过太空专家的训练，以期达到精熟的地步。不然，当她进入无重量的太空时，难免手忙脚乱，不知所措了。

事实早已证明，妇女可以担任政治家、科学家、文学家等重任。现在由于瓦莲京娜的成功，这又给我们提供铁的证据，说男人能够做的事情，妇女也照样能做。

年来，男女同工同酬的口号，曾经响彻云霄。我们毫无保留地支持男女同工同酬，可是当我们的女同胞还没得到同等的报酬之前，可以自我检讨，看看自己在技能、知识、判定力、责任感上，是否已和男子并驾齐驱。假如答案是肯定的，那么英勇有为的妇女，绝不会因为还没达到同工同酬，而放弃追求事业的雄心。

1963 年 6 月 18 日

注释：

① 潘迪特夫人（Vijaya Lakshmi Pandit 1900—1990）：印度政治领袖和外交家，贾瓦哈拉尔·尼赫鲁（Jawaharlal Nehru）之妹。她本人受到过良好的教育，作为甘地运动成员，曾因拒绝与英国合作被捕入狱。印度独立后，是在内阁任职

的第一位印度女性政治活动家，1953至1954年成为联合国大会第一位女主席。

② 班达拉奈克夫人（Sirimavo Bandaranaike 1916—2000）：斯里兰卡政治家，曾三度出任总理。她是前总理所罗门·班达拉奈克的遗孀。

③ 瓦莲京娜（Valentina Vladimirovna Tereshkova 1937— ）：又译为瓦伦蒂雅·捷列什科娃，并世界第一名女太空人。曾荣获联合国和平金奖，以及世界许多国家授予的高级奖章。

8　青年感化训练所的功用

> 为着不伤害青年犯罪者的自尊心,最好的办法,就是把犯罪的青年暂时拘留起来,实行"再教育",这样一来,青年犯罪者懂得痛改前非,重新做人;同时,使他们有一技之长、一艺之精,将来才有谋生的机会。

自1959年6月,新加坡成为自治邦[①]起,政府对于实施改良刑罚罪犯有关的各种问题外,它还在樟宜椰林中的乌鲁勿洛[②],建筑了第一座不设防的"青年感化训练所",以便改造和教育罪犯的青年。

自社会学成为独立的科学后,犯罪学又占了社会学的一个重要部门。犯罪学专家认为,人类的犯罪,并非突如其来的,它既有先天的原因,又有后天的环境。假如我们能够心平气和地找出先天的原因、后天的环境,然后慢慢地采取补救的方法,相信许多已经犯罪的青年,经过感化训练后,能够再由教育中重新做人,这对于个人,对于社会,都有益处。

谁也知道,人类富有自尊心。只因大家看重自尊心,所以许多人都懂得培养坚强的意志，拒绝外物的诱惑。但是，有些意志薄弱的人，一经外物的诱惑，便情不自禁地误入歧途。当他们被警政当局发现后，难免要锒铛入狱。这么一来，他们的自尊心就大受损害，于是一不做、二不休，继续干那种不可告人的勾当，甚至变本加厉，一回比一回厉害，终于监禁终身，在监狱中断送天年。

这的确是惨绝人寰的事情。据我们知道，许多犯罪的青年，起初并不想犯罪的。一来他们根本不知道自己所干的事情原来是触犯法律，有被监禁处罚的可能；二来他们交友不慎，经常接触的多是作奸犯科的人物，等到被警政当局发现之后，他们才"觉今是而昨非"。但是，法律是不讲人情的，同时，法律的条文是十分严密的。只要一个青年误入歧途，图谋不轨，警政当局只好加以拘捕，按法律定罪。

平心而论，一般未成熟的青年如果犯了罪，家庭和社会都要负较大的责任，至少它们是疏于管教，同时，政府当局恐怕也要负"不教而诛"的罪名。为着不伤害青年犯罪者的自尊心，最好的办法，就是把犯罪的青年暂时拘留起来，实行"再教育"，这样一来，青年犯罪者懂得痛改前非，重新做人；同时，使他们有一技之长、一艺之精，将来才有谋生的机会。

根据这个崇高的理想，新加坡政府才坚决地实施改革刑罚制度。它在1961年所建筑的青年感化训练所，包括可耕地22英亩[3]，另外还有30英亩做训练所的宿舍、工场、球场、医院、餐厅、教堂及办公室等地方。这个地方的环境极为优美，各建筑物又相当雅观。那些偶尔失足的青年，虽置身于训练所，他们的自尊心还不至于大受损害。

这感化训练所里，有两件事情是最关重要。

第一，品行的陶冶。让我们坦白地说一句，在人生过程中，无论智愚贤不肖，差不多没有一个人不犯过失的。所不同的是，多数人的过失或错误的行为，没有被人发觉，所以他们得逍遥法外，而少数比较倒霉的人的过失或错误的行为，一下子就被警政当局抓住，于是绳之以法罢了。

假如警政当局认清这事实，知道犯罪并非出于青年的本意，同时，还用各国名人成功的故事向他们讲解，对他们说明，相信他们很快会接受这番美意，而动起改过迁善的念头。

第二，技能的训练。许多青年之所以犯罪，不是家里父母不和睦，或者闹着离婚，致疏于管教，就是青年所结交的朋友有问题，致养成好吃懒做的恶习。现在政府把这些不幸的青年安置于感化训练所，按时施以良好的教育，使他们不但知道历史的背景、世界的潮流、自身所处的环境，而且使他们懂得用脑和手。等他们对于某一技艺能够得心应手的时候，他们就有谋生的才具了。

经过相当期间的训练后，他们的品性日见高尚，技能日趋熟练，这时候，他们才懂得什么叫作自尊心，感受到自食其力的乐趣。到了这个地步，假如有人再想引诱他们做坏事，恐怕也是白费心机。

青年犯罪并非出于自愿的。只要我们能够找出犯罪的原因，慢慢地施以补救的方法，使他们提高自尊心和谋生的能力，这才算是政府应尽的责任。

新加坡青年感化训练所已经功效卓著，望东南亚其他各地的政府也不妨一试。

1963 年 11 月 19 日

注解：

① 自治邦：莱佛士于 1819 年登陆新加坡，到了 1826 年，新加坡成为英国的殖民地。1959 年 6 月，英国政府同意让新加坡成为自治邦。

② 乌鲁勿洛（Ulu Bedok）：当年是在樟宜路上段一带。

③ 英亩：1 英亩相当于 4047 平方米。

9　大学对社会教育的另一贡献

> 新加坡大学最近主办的校外进修系，就是让纯粹的学术，出了象牙之塔，走进十字街头；让大学里各种专门课程，以简单明了的讲演，给社会人士尝尝个中滋味。

大学教育是负有提高和普及的责任。在提高那方面，大学教育是鼓励教授、讲师、学生做窄而深的研究。事实上，只有专精的研究，才有重要的发明和发现，而发明和发现可以说是大学教育最重要的任务。

在普及这方面，大学教育须适应社会的需要，以深入浅出的方法，把专门的学理简单化，使一般社会人士，也能够享受大学教育的果实。新加坡大学最近主办的校外进修系，就是让纯粹的学术，出了象牙之塔，走进十字街头；让大学里各种专门课程，以简单明了的讲演，给社会人士尝尝个中滋味。

但是，校外进修班和夜大学不同。夜大学是颁发学位的。假如普通大学是限期毕业，那么夜大学是等于分期付款。普通大学四年的课程，夜大学可以分为六年至八年，甚至更长，陆续学成。读完一科算一科，读完大学当局所规定的全部课程和学分，便可得到大学学位或文凭。

至于校外进修班，这比大学更进一步。校外进修班纯粹是为学问而学问，为兴趣而学问。读完进修班的学员，虽然只得个证明书，没有文凭，没有学位，但是这种教育的真正意义，却非一般文凭和学位所能衡量。

本来治学的态度，主要的可分为两种，即专业和业余。例如演唱京戏，那些科班出身的要角，他们受了良师的指导、益友的熏陶，经过长期的勤学苦练，那些高才捷足的人，不难脱颖而出，蔚为一代伶王或名角。那些业余的票友，他们都有固定的职业，不必靠唱戏来谋生。因此，他们多数利用业余的时间，忙里偷闲地学习一些。虽然他们的根底不如专业的科班出身的人那么扎实，但他们对京戏兴趣的浓厚，绝不亚于专业人才。

俗语说得好，"做一行，怨一行"。由于专业关系，一个人每天做着同一的事情，在精神上未免觉得太过单调，久而久之，兴趣大大减低，甚至陷于奉行故事①的状态。另一方面，那些从事业余活动的人，他们往往以精神奕奕的姿态，把事情干得很起劲。

我们知道，生在科学昌明的时代，非专攻一门技能知识，将来恐怕不易立足于社会。但是，学问是有联系性的，必须融会贯通，必须集大成，才会有出人头地的一天。

目前科学这么进步，书籍这么繁多，无论一个人多么用功，势难读尽他所需要读的书。因此，他应该采取一精百通的办法。有的问题，必须"打破砂锅璺到底"，穷源究流，触类旁通，以其达到专家的地位。有的问题，只须有相当的常识，帮助了解和谈话的资料也就算了。

我们承认，新加坡大学所举办的几十门校外进修课程，虽然主讲的是新加坡大学、南洋大学、新加坡工艺学院的教授和讲师，但是听完一系列的讲座后，听者当然不会马上成为专家。事实上，这些课程的内容是属于通俗的、概括的性质，它们仅能给听众一些门径和介绍必要的参考书，它们至多能够引起社会人士的读书风气，使他们认清，做学问不限于大学的万仞宫墙之内，离开学校的人照旧能够做学问，只要他们有这样的眼光和魄力。

无论如何，新加坡大学已经给我们来个良好的开端，它使大学和社会打成一片，使大学对社会教育有另一种贡献。

还有一层，在殖民地制度下，只有英文算是官方语言，其他历史悠久，内容丰富，文字雅典的东方各国文字都被视为"方言"。

现在随着时代的进步，"方言"在大学里也占了一席位，所以这次的新大进修班，除了一些专门科学用英文讲授外，还特地开办用中文讲课的"文学写作""新闻写作""成本会计"等课程，使那些对英文不大熟悉的人，仍旧有进修的机会。

最后，我们希望社会人士极力支持新大校外进修班。那些没机会进大学的人，固然可利用进修班继续学习；那些已经得到文凭和学位的人，可以利用进修班来补充他们的常识和培养新的兴趣。

活到老，学到老；学到老，学不完。学海无涯，除虚心请教，专心学习外，别无他路。

1964 年 5 月 23 日

注释：

① 奉行故事：按老规矩办事。

10　提倡学以致用的教育①

> 到了大学阶段，这是国家培养最精华人才的所在。教育当局须眼观四面，耳听八方，看看时代的思潮怎样，本国的实际需要又怎样，然后订定蓝图，开办各有关的学系。希望本国大学所造就的人才，个个能够有出类拔萃的成绩，为社会服务，为国家争光。

东南亚教育部长理事会第三届大会，已于前天在新加坡大会堂①举行开幕典礼。这次会议为期四天，参加的代表有新加坡、马来西亚、寮国②、菲律宾、泰国、印尼等国的教育部长和他们的高级顾问。在会议举行前，新加坡副总理杜进才博士发表了一篇动人的演讲词。他说："在新加坡，我们人口的27%是在学校求学的学生。最近我们对教育的重点，从传统学术性的中学教育，转向让某些学生选择工艺及职业教育，以迎合工业化的人力需求。"

一般说来，殖民地时代的教育，仅是书记教育。殖民地当局高高在上，养尊处优，他们希望培养一些中下级人员，来执行他们的命令。因此，他们对于高等教育完全漠视。

自殖民地脱离宗主国的羁绊，成为独立国家的时候，它们难免会矫枉过正，尽量发展高等教育。经过十几年的经验，我们不难发现专门人才和技术人才的比例似乎失掉平衡。照规矩，一个专门人才需要四个技术人才来配合。可是目前的新马却发生畸形的现象，一个专门人才，仅能得到一个技术人才来合作，这是不足够的。例如外科手术室，主持开刀的仅一个主任医生，另外需要三五个助理人员，这才会处理得十分如意。在南非开普敦（Cape Town）主持移植心脏手术的班纳特医生（Chris N. Barnard）的外科手术室，竟调动30人的工作团队。这充分证明现代化的事业一点也不简单，个人唱独角戏的时代早已过去，代之而起的是分工合作的团队。

　　诚如杜副总理所说，发展中的国家趋向，是经常过分重视发展大学教育，忽视了更适合他们本身经济发展的中等教育，而在经济活动的许多方面，受中等教育的人做得来的工作，比较大学毕业生所需要的工作多出很多。

　　理由十分简单，人类的知识和技能，相差得很远。有的人适合做抽象的理论工作，有的人喜欢具体的实际工作。这种情形在中学时期，已经露出端倪。例如一个喜欢具体的实际工作的青年，如果不让他从事技术上的探讨，而硬要他往抽象的理论工作进军，结果难免一事无成。

　　相反的，假如一个喜欢具体的实际工作的青年，在中学的阶段，便开始接受手脑并用的教育，一旦离开学校后，他们便能够负起重任，参加他所熟悉的行业，一点也不会脱节。

　　这儿我们须注意一点，许多受过大学教育的青年，坐而高谈阔论有余，起而负起实际工作不足。须知大多数公司用人，一上班就要你站在某一岗位，担任某一种工作。假如你连一点实际经验都没有，那么所有工作都受影响。须知现代的工商业组织，好像机器的齿轮一样，一个紧接一个，只要其中有一个不胜任，其他各部门难免受连累。

在今后的教育政策上，我们仍主张提高和普及双管齐下。关于普及，我们主张所有学童必须受完六年小学教育，这样一来，他们便能够阅读书报，书写简单文件，记录往来账目。到了中学阶段，他们会面对理论和技术的分流，有的选择追求理论的探讨，有的决定学习具体的技术，一技在身，将来不愁没有吃饭的地方。

到了大学阶段，这是国家培养最精华人才的所在。教育当局须眼观四面，耳听八方，看看时代的思潮怎样，本国的实际需要又怎样，然后订定蓝图，开办各有关的学系。希望本国大学所造就的人才，个个能够有出类拔萃的成绩，为社会服务，为国家争光。

但是，办大学是最花钱的事情。许多研究工作，非图书充实、仪器完备、经验丰富的导师，绝对没法子进行，与其敷衍了事，设立许多有名无实的学系，不如集中精力，专办几个很出色的学系。那些不是大量需要的人才，不妨派遣到国外去学习，这倒是省钱的一种办法。

简单说一句，新兴的国家，人才有限，资源更是有限。假如我们辛辛苦苦地培养一些优秀的青年，而本国又没有适当的机会让他们发展，弄得他们无路请缨，整天长吁短叹，最后，迫得他们要到外国去找出路。对本国，这是个大损失；对超级强国，这无异为虎添翼，这实在不是好办法。

因此，政府不得不重新检讨教育政策，竭力提倡学以致用的教育，使所有青年的身体和心理得到健全的发展，同时，使他们学成之后，对于社会能够发生积极的影响，不至所学非所用，所用非所学。

注释：

① 新加坡大会堂：指新加坡大会堂与职工会大厦，始建于1962年。当年新加坡还是一个自治邦，正在酝酿与马来亚合并，走向独立自主之道，而大厦于1965年10月正式落成时，新加坡刚宣布独立不过两个月，当时李光耀总理为新加坡大会堂主持开幕仪式。新加坡大会堂曾经过大规模翻新工程，并于2001年重新开幕，成为新加坡华乐团的常驻演出场地。2010年12月28日，新加坡大会堂被列为新加坡国家古迹。这也是古迹保存局首次为建于后殖民地时期的新加坡建筑物确立地位，彰显其在新加坡国历史上的重要性。

② 寮国：老挝人民民主共和国（Lao People's Democratic Republic），简称老挝，马来西亚、新加坡，以及中国台湾地区称寮国。

11　公民应尽的责任

> 我们应该抓紧现在，利用一切机会来充实自己，提高自己。只要我们能够认清这个时代，严守纪律、自力更生，大家努力增加生产，相信光荣的前途正在向我们招手。

由殖民地蜕变为独立自主的国家，这是个任重道远的事情。在殖民地时代，一般老百姓一切事情不必过问，同时，也没有权利过问。

新加坡成为独立自主的国家，为时甚短。从自治到合并，从合并到完全独立自主，中间不知道经过多少波折。虽然如此，最近十年来的进步，远超过以往的140年。这儿可见，事无大小，只要我们肯下决心埋头苦干，迟早总有成功的一天。

最近十年来，新加坡的进步，是得力于政府和人民的携手合作，大家稳扎稳打地往现代化这条康庄大道走。所谓现代化，就是工业化的别名，凡是高度工业化的国家，就是最富强最现代化的国家。相反的，凡是墨守成规、因循苟且、敷衍塞责、得过且过的国家，多数都是最贫穷最落后的国家。这个道理虽然很明显，但仍需要一番解释。

在旧社会里，漫说一个国家、一个省份、一个县份，光是一个大地主的家庭也可以自给自足。那时，一般人的生活很简单，欲望不奢，加上交通阻梗，所以什么事情都可以马虎一点。现在则不然。我们每天所需的日常用品、交通工具，是来自世界各个角落。光是食品而论，我们可以吃到中国的填鸭、鲥鱼、澳洲的生菜、苹果，美国的牛奶、橙子，德国的啤酒、腊肠，法国的香槟、白兰地，荷兰的乳酪，丹麦的火腿，日本的牛肉……这种事情连过去的帝王都不敢梦想，但是生在现代的我们，只要我们袋里不太寒伧，却毫不费力地——得到。

问题在这儿，我们不能漫无止境地专门购买人家的东西，而自己却毫无输出。假如这样，我们的外汇将濒于枯竭，以后再也不会这么舒服，能够予取予携①地享受全世界的特产了。因此，现代化生活的第一特点，就是每个人必须竭尽智能，充分利用本国的环境来制造一些特产，以便打进国际市场，争取外汇，然后才有能力输进我们所需要的东西。换句话说，要过现代化的生活，必须牢牢记住：增加生产。

在旧社会里，由于地广人稀，你要做什么就做什么，不必考虑别人，别人根本也管不着你，因为散漫惯了，所以"纪律"二字，谁也不放在眼里。

现在则不然。在现代化的都市里，人烟稠密，住宅鳞次栉比，尤其是新式的卫星镇②，那些高楼大厦，每座住了上百户人家。这儿的居民，起码要懂得公共卫生，集体遵守纪律。例如公共电梯、公共走廊，须维持得干干净净；一遇人多的地方，须自动地排成长蛇阵，让先到的人先得到服务。这种严守纪律的习惯，须赶快养成，以后无论到邮政局、银行、戏院、酒楼、茶室，凡是人多的地方，必须即刻排成长蛇阵，并且尽可能让妇孺优先，这是文明社会的惯例，这也是现代化社会应有的礼貌,不然,法律和秩序就没法子维持,换句话说,要过现代化的生活,必须牢牢记住:严守纪律。

新加坡是个土地偏小,资源有限的国家。在先天上我们远不如人家。但是世界上就有像我们这样的小国寡民,仍可屹立天地间,备受人家的羡慕,不受人家的怜悯的国家,这个国家就是瑞士。

新加坡像瑞士一样,是个多元民族的国家。我们应该吸取瑞士的特长,每个公民须立定志愿,埋头苦干地学习一种特殊的技能。只要我们的技能很突出,我们不怕不会制造一些精巧的东西,物美而价廉打进国际市场。到了那时,外汇将源源而来,全国人民才能过着美好的生活。换句话说,要过现代化的生活,必须牢牢记住:自力更生。

在国际市场里,优胜劣败。我们不必怀念过去,因为过去的殖民地时代,宗主国控制了我们的生命线。我们应该抓紧现在,利用一切机会来充实自己、提高自己。只要我们能够认清这个时代,严守纪律、自力更生,大家努力增加生产,相信光荣的前途正在向我们招手。

1969 年 2 月 4 日

注释:

① 予取予携:出自梁启超《克林威尔传》第五章,意思是从我处掠取。

② 卫星镇:新加坡的卫星镇是指市区边缘的小城镇。每个卫星镇面积约 10 至 15 平方公里,周围有地铁、快速公路、主干道和市镇中心。这些卫星镇既自成一体,又相互联系,形成宜居的便利环境。

12　新加坡一百五十周年纪念

> 我们认为最好的纪念方法，就是每个公民立定志愿，挺起脊梁，以大无畏的精神来迎接未来更艰巨的日子。只要我们能够战胜环境，成为顶天立地的人才，我们才可以扪心无愧地说一声：上对得起祖宗，下对得起子孙。

　　今年是新加坡开埠一百五十周年纪念。从人类文化史看来，一百五十年算是很短促的过程，因为世界上的文明古国，如中国、印度、埃及、希腊，它们的历史可以追溯到四五千年以上。把新加坡和上述四个国家相较，我们可以说是小弟弟。小弟弟在老大哥面前，绝对不可以说老。

　　但是，从个人看来，一百五十年倒是值得我们特别珍重。平均三十年为一代，一百五十年足足要经过五代。就目前新加坡的二百万人口来分析，一般家庭在这儿落地生根的，至多有二代或三代，能够连续在这儿住到五代以上的，实在是凤毛麟角。因此，从个人或个别的家庭看来，一百五十年似乎是一段非常悠久的历史。

　　在这一百五十年间，新加坡曾经天翻地覆地大变动。从简陋不堪的渔村,变成繁忙的世界第四海港;从目不识丁的渔民,变成文化教育上可以和国际人士分庭抗礼的学者专家;从仅蔽风雨的亚答屋[①],变成到处都是高楼大厦的市镇;从自给自足的原始生活,变成通商惠工的大都市……一切的一切,都铭刻着我们的先人的手泽[②]和脚印。

的确,每一种事业的进步,都要付出极大的代价,期间可歌、可泣、可喜、可悲的插曲,假如用文字记载下来,真是要达到汗牛充栋的地步。

俗语说得好,"前人栽树,后人乘凉"。我们现在之所以能够得到高度的物质享受,全靠前人替我们劳心苦思、胼手胝足[③];同样的,假如我们希望后人能够享受更美好的生活,我们也应该竭尽我们的能力,为他们铺路。一代紧接一代,人类光荣的历史都是这样写成的,新加坡当然不会例外。

我们很荣幸,能够作为新加坡公民。在这个国度里,你真正能够尝到种族和谐、信仰自由的滋味。这儿有华人、印度人、马来人、欧籍人士。大家很和睦地相聚一堂,把种族的界限消除得一干二净。加以政府当局非常开明,用人唯才,只要你有相当的资格,丰富的经验,任何职业的大门都敞开,欢迎你进去。

从前因为生活简陋,各大民族多是聚族而居。自建屋发展局成立后,许多高楼大厦都可以容纳各种族人士。只要每个月你能够付得起租金,有关当局绝对不会歧视。我们的公务员多数受过现代教育的训练,在分配房屋,实行"先到先得"制度。这种做法是达到天下一家,世界大同的一个捷径。

在新加坡,宗教信仰绝对自由。这儿没有什么国教,所以每个人可以信仰任何宗教，或者根本不信仰任何宗教。凡百事情，自我作主，绝对不至被人牵着鼻子走。只因信仰绝对自由，所以一个家庭里，父亲信仰基督教，母亲信仰佛教，这是再平常不过的事情。到了儿女生病的时候，"阿们"和"南无阿弥陀佛"之声，洋洋盈耳，谁也不觉得刺耳，谁也不愿意干涉任何人。假如祈祷真正有灵，我们觉得多方面祈求神祇来祝福也许比较单纯祈求一个神祇更见力量。反正神祇都是好心肠，有求必应，所以多请几位神祇来替善男信女祝福，倒是近情近理。

种族和谐，宗教信仰自由，这是新加坡最大的资本。仗着这些资本，我们可以敞开大门，欢迎全世界人士到这儿观光，无论短期度假、长期居留，都在欢迎之列，只要他们能够符合政府移民的条例。

还有一层。随着新加坡的教育文化水准逐渐提高，我们迟早将产生许多优秀的人才。这些人才除了留在当地社会服务外，还可以出国给人家当顾问。这是活动的广告，这是现成的标本，我们希望新加坡的青年个个锻炼自己、充实自己，把自己造成学有专长的人才，对于国家，对于世界，都有一定的贡献。

今年是新加坡开埠一百五十周年。我们缅怀过去，瞻望将来，觉得责任实在十分繁重。因为我们的祖先不惜跋涉山川，到这儿来开辟荒僻的渔村，使它成为国际有数的都市，所以我们应该步他们的后尘，尽我们最大的力量，把新加坡的历史推进一步，使今后更见繁荣、康乐。

我们知道新加坡政府各部门、民间各社团，都准备热烈庆祝这个盛典。除了举行展览会外，还要出版各种刊物，以资纪念。但是，我们认为最好的纪念方法，就是每个公民立定志愿，挺起脊梁，以大无畏的精神来迎接未来更艰巨的日子。只要我们能够战胜环境，成为顶天立地的人才，我们才可以扪心无愧地说一声：上对得起祖宗，下对得起子孙。

1969 年 2 月 7 日

注释：

　　① 亚答屋（attap house）：是南洋传统的简陋乡村木屋。房屋的屋顶是用棕榈叶（attap palm）来覆盖的，墙则通常用树皮或木板制成。

　　② 手泽：出自《礼记·玉藻》，"父没而不能读父之书，手泽存焉尔"。指先人所遗留下来的器物或手迹。

　　③ 胼手胝足：胼(pián)、胝(zhī)指皮肤等的异常变硬和增厚，一般是指长期从事体力劳动者，手脚生茧。形容经常地辛勤劳动。

　　编者注： 1819 年 1 月 29 日，当年在印尼苏门答腊岛担任明古连(Bencoolen，即今日的明古鲁 Bengkulu) 副总督的英国人，斯坦福·莱佛士 (Stanford Raffles 1781–1826) 登陆新加坡。他很快就意识到这个海岛发展潜力巨大，于是与当地统治者谈判签订条约，将新加坡建设为海上贸易站。这座城市快速发展成贸易中心，吸引了中国、印度、马来群岛和更远地方的移民前来。

13　健全学风的提倡

> 学术和艺术一样，需要长期的孕育，绝对不能急功近利，所以今后我们须培养健全的学风，好让有志的青年加紧学习，因而成为栋梁的大材。

新马的教育，越来越普及，这是个好现象。从城市到乡村，到处都有弦歌之声，从外地初到此间来参观的人，多是啧啧称善，夸奖新马为有礼知方的国家。

新马教育的普及，学生的众多，这是事实，不过这儿的学风是否够健全，这还是个疑问。

首先，我们要承认，新马的独立只不过是十多年的事情。在独立以前，这儿都是殖民地，因此，殖民地的气味还没有完全消除。那些殖民地时代遗留下来的气味较浓厚的人，就是凡事不敢自我作主，一切的一切，都要仰外人的鼻息，看外人的颜色，久而久之，自信心和自尊心完全消失，这是一件很痛心的事情。

还有一层，只因殖民地时代，新马是西欧工业家的市场，当地人至多仅有做买办①的份儿，没有做厂主的份儿。这样一来，冒险心大受影响。须知凡事有利必有弊，"不入虎穴，焉得虎子？"长期畏缩的生活，将使大多数人急功近利、眼光短浅，而急功近利、眼光短浅,是做学问的人的劲敌。我们常觉得,新马的青年,聪明有余,沉着不足。其中最大的原因,还在于急功近利、眼光短浅。据此间的画家的意见,那些初学绘画的青年,大多数不肯死心塌地做苦功夫,他们刚学了几年,就想开画展,因为学无根底,自己没有信心,所以只好高攀名家,自称为某某派。其实,人各有体,真正的名家,应该以堂堂之阵、正正之旗,自成一家,断不至借重这个、依附那个。

同样的,那些初学唱京戏的人,仅凭几张唱片,乱哼了几声,便自称为梅派、程派。这种急功近利的态度,绝对没法子登堂入室,充其量仅能跑江湖,走码头罢了。

刚才提到梅兰芳,现在不妨把梅兰芳成功的因素做个分析。梅氏四代梨园世家,在传统上已经比较别人占了三分便宜。至于他本人,扮相妙、嗓子好、身体健壮,加以他虚怀若谷,认真勤学苦练,非学得到家,绝不会当场献丑。这些基本优秀的条件,已经使他有资格成为第一流的名角了。

然而他的内在的价值,仅能算一半,另外的一半,全靠他的环境和时代。假如他得不到戏剧大师齐如山先生费了几十年工夫给他编剧本,那么他只好时常炒冷饭,唱来唱去,老是那几出旧戏,搞不出什么新花样、新名堂。到了相当时候,不但人家瞧不起,连他自己也是无精打采,鼓不起勇气来表演了。假如他得不到几位银行家给他以经济上的支持,弄得他要寅吃卯粮,整天愁眉不展,恐怕他早已放弃梨园的生活了。假如他得不到几位文人的一心一意的支持,教他画画和习字,经常在报纸上给他捧场,恐怕他也意志消沉了。最后,同时也是最重要的,就是当年北京重视京戏的气氛,连三轮车夫也会唱得有板有眼。广大观众的赏识,这无形中使他精益求精,达到登峰造极的境界。假如梅兰芳生在我们这个地区,至多能够公开表演几天,以后就要东跑西走,典尽当光,哪里还谈得上艺术不艺术?

因为学术和艺术一样,需要长期的孕育,绝对不能急功近利,所以今后我们须培养健全的学风,好让有志的青年加紧学习,因而成为栋梁的大材。

我们常觉得,当英国全盛时代,它所产生出类拔萃的人才,实在能够和它的国力相配合。英国有个学术团体,名叫费边社[2]。费边社的十名八名健将,都是国际文坛艺苑上顶尖的大人物。他们每个都是某一部门唯我独尊的专家,同时,大家又有共同的兴趣,为人类的尊严、国家的前途努力。这种健全的学风,正是我们应该取法的地方。

目前新马的学术界、文化界,大多数受物质欲望的引诱,因而急功近利。对于学术上文化上的兴趣,往往不够浓厚,稍微遇了挫折,便要改行,甚至一去不回头。这未免很可惜。

为着提高健全的学风,我们应该以英国费边社的十名八名健将做模范人物。他们心甘情愿地在任何环境下,严守岗位,鞠躬尽瘁,死而后已。像香槟酒和绍兴酒一样,年代越长久,味道越纯正,一切沉渣剩滓的苦味,早已消失得无影无踪。假如从事学术和艺术的人,也懂得香槟酒和绍兴酒的秘诀,那么他们迟早会尝到炉火纯青的滋味。

浅试轻尝的人,绝对搞不出什么好名堂来。根据这原则,要提倡健全的学风,必须从脚踏实地做起。

1969年10月9日

注释：

① 买办：中国近代史上，帮助欧美国家与中国进行双边贸易的中国商人。这类被外商雇用的商人通常外语能力强，一方面可作为欧美商人与中国商人的翻译，也可处理欧美国家商界与中国政府的双向沟通。除此，这类型商人还可自营商铺，因此致富者颇众。

② 费边社（Fabian Society）：是英国的一个社会主义团体，成立于1884年，由一群中产阶级知识分子所发起，以古罗马名将费边（Fabius）做为学社名称的来源。费边社的传统重在务实的社会建设，倡导建立互助互爱的社会服务，其实质在于把资本主义社会传统的自由民主政治与社会主义相结合，从而推行和平宪政和市政社会主义的道路。

第四辑

教育精神

1　华侨学校应注重中文

> 稍微有历史眼光的人，谁都知道语言文字的活动范围，并非一成不变，而是随国力的盛衰而转移。

华侨学校应注重中文，这根本不成问题。不成问题的问题，在修辞学上叫作"无可置疑的真理"（truism）。"无可置疑的真理"是没有讨论的必要。

由于环境变迁，这个根本不成问题的问题现在却成为各华侨学校的当局最伤脑筋的问题了。他们要决定，华侨学校应该注重中文呢，还是应该注重英文呢？

从现实主义的立场看来，华侨学校应该注重英文。一来英文的活动范围较大，二来英文是当地政府机关所通用的语言文字，三来精通英文的人在当地求学和谋生比较容易。对于这种眼光如豆的现实主义者，我们主张华校应该完全停办，把所有子弟合并到英文学校去读书。

但是，稍微有历史眼光的人，谁都知道语言文字的活动范围，并非一成不变，而是随国力的盛衰而转移。罗马全盛时代的拉丁文，

15世纪的葡萄牙文，16世纪的西班牙文，17世纪的荷兰文，18世纪的法文，19世纪到现在的英文，在某一个时期里，某种语言文字都是独步一时。过去百年间，一面由于中国政府的腐败无能，一面由于英美势力的逐渐膨胀，加以海关邮政都操在外国人的手中，读英文，识洋务；识洋务，做买办；做买办，赚大钱。因此，国内所有国立学校把英文当着第一外国语，而外国传教士所办的教会学校甚至以纯粹用英语教学为无上光荣。

这是畸形的发展，到了国家统一，政治上了轨道后，就应该加以纠正。

我们知道中国的人口为4亿7000万人。这个庞大数目加上同文的日本和越南，将达6亿人，约占全球人口的三分之一，比较说英语的人还多了三倍。换句话说，基于教育的普及，将来中文的活动范围可以说是盖世无双。

诸位读者也许有旅行的经验。无论去到任何国家，你们所遇到的第一个问题就是："中国的现状怎样？中国的历史怎样？中国的文化又怎样？"在那种场合下，假如你们用非常纯正而流利的外国语答道："对不起，中国的事情，本人一点也不知道。"那时你所得到的鄙薄和轻视，恐怕比较游街示众的囚犯还要难受。反之，你们的外国语也许是结结巴巴，但你们能够有条不紊地把中国的历史和现状、文化和生活告诉外国人，人家将报以深刻的赞赏，热烈的同情。

截至现在止，中国人以英文驰骋国际文坛的人，恐怕没有一个人比较辜鸿铭[①]和林语堂[②]更受人欢迎。一般人只知道他们两位精通英文，不知道他们得力处全在于他们是用英文讨论中国问题，至于说得对不对，那是见仁见智，由读者自己去批评。辜鸿铭的《春秋大义》(The Spirit of China)，林语堂的《生活的艺术》(The Importance of Living)，都是以轻描淡写的笔调，把中国的文化介绍给外国人。假如他们光是懂得英文，对中土文物一窍不通，他们的影响无疑地要打个九折八扣。

现在最前进的国家，莫过于社会主义的国家。在社会主义的国家里，他们不但注意各民族各国家的文学，而且非常重视方言文学。这不是矛盾，而是很适合自然发展的规律。因为各地方有各地方的特点，每个国家有每个国家特别的贡献。殊途同归，正是国际合作的正当途径。

清初有个大诗人赵瓯北③写过一首诗表述他的志愿："李杜诗篇万古传，至今已觉不新鲜。江山代有才人出，各领风骚数百年。"这种志气和魄力，刚好给一般徘徊歧路的华侨学校当局一服强心剂。

的确，做人固然不应该妄自尊大，但也不可妄自菲薄。华侨占当地人口二分之一。华侨学校如注重中文，不但学生将来回国升学更为方便，即对东西文化的交流也较易收效。这种不成问题的问题，只要稍加阐释，大家都心安理得了。

1949 年 10 月 21 日

注解：

① 辜鸿铭(1857—1928)：字汤生，英文名字 Tomson。祖籍福建，生于马来亚。他学贯中西，精通英、法、德、拉丁、希腊、马来等 9 种语言，获 13 个博士学位，是满清时代精通西洋科学、语言兼及中国文学的中国第一人。

② 林语堂(1895—1976)：福建龙溪人，中国现代著名作家、学者、翻译家、语言学家。1954年，曾赴新加坡筹建南洋大学，任校长。

③ 赵瓯北(1727—1814)：即赵翼，字云松，号瓯北。诗与袁枚、蒋士铨齐名，时称"三大家"。

2　华校学生的课外读物

> 课本虽好，还须课外读物来补充。课本指示学生以门径，课外读物才是学生发现自己、造就自己的良好机会。课本是写给一般中等资质的学生看的，课外读物是写给天分较高、学习较勤的学生看的。只要学生爱看课外读物，进步自在意料中。

关心马来亚[①]华校的人，谁都觉得华校学生的程度天天在低落。一方面，因为新教员不能向国内[②]聘请，旧教师有的转业，有的转到英校任职，有的疾病老死，致师资大成问题。另一方面，因为华校限于经费，学校当局最多能够筹划一点资金，以便扩充校舍，而教学所需的设备当然照顾不到。这两点都是显而易见的事实，毋需赘述。

我们认为华校学生课外读物的缺乏，这问题的严重性并不亚于师资的不足和设备的匮乏。

在战前，国内有好几家书店专为中小学生服务——儿童书局以小学生为中心，开明书店和生活书店[③]以中学生为对象。他们除出版几种杂志外，还编辑好几套适合中小学程度的补充读物。因为良好的读物很多，所以一般学生的基础比较扎实，进一步可以投考中外著名大学，从事专门的研究；退一步可继续自修，希望三五年后，机会来时，仍可投考大学。事实上，一般优秀的高中毕业生，刚踏上大学的门槛，便能够在文坛活跃，至少可以跟当代的宿学硕儒讨论重要的学术问题。

目前因种种关系，国内所出的新书，不易南来。虽然香港地区和新加坡的几家书店和出版社也从事新书的编著，但是质量上还稍嫌不足，这是个遗憾。

我们时常到此间的英文书店去巡礼，知道英国的几间大书店，如朗文出版社(Longman)、牛津出版社，都出版了整套整套的课外读物，适合低年级、中年级、高年级的学生采用。这些课外读物，主要的以英国文学史上的著名作家的代表作为蓝本，去其芜杂、取其精华，另外加以简明扼要的解释，使读者有无师自通的乐趣；启迪愚蒙的问题，使读者能运用自己的思想。这些简明的洁净的文学名著，熟读了几种后，学生已经养成爱好文学的兴趣，从此，他就欲罢不能，非把原著拿来读个痛快不可；再进一步，非把原著者的全集读个烂熟不可；更进一步，非把原著者同时代有关的作家，以及他的承先启后的人物的作品来个一网打尽地研读不可。一个专心而又有恒心的学生，经过这样有系统的研究工作后，自然而然地会成为一个专家。

出版简明洁净的文学名著是一方面的工作，另一方面的工作就是分析文学名著，看看它的时代背景，作者的小史，分析它的情节、结构、人物、风格、对话，最后才断定作者在文学史上的地位。一个聪明又好学的青年，读过大文豪的原著后，再细心研究这种书，好像画龙点睛，许多一知半解的问题，现在搞通了；来龙去脉不清楚的人，现在也明白了。照这方法来研究文学名著，有耐性的可成为文学批评家、文学史专家，至少也可培养明辨真伪、美丑、善恶的鉴赏力。

记得战前矛盾先生、宋云彬先生④等曾编辑洁本的《红楼梦》《三国演义》等书，这是个很有意义的工作。可惜过去编书的人，对于词汇的限制不大严格，所以在体裁上也许能够把旧内容配上新形式，但在词汇上似乎还有深浅难易，参差不齐的毛病。聪明的学生固然能接受，程度较差的学生却招架不来。这儿我们须注意英文的补充读物，即简明洁净的文学名著，它们的汉字仅限 1850 字，提供六号七号⑤以上的学生使用。因为词汇有限，所以看起来毫不费力，免得多费时间翻字典，而减少阅读的趣味。

由于英文编写的补充读物的成功，我们主张华校的课外读物，也应该重新调整编辑。我们需要一套中国伟人的传记、一套中国文豪的传记、一套洁本的中国古典文学、一套精选的现代文学、一套中国名山胜景的游记、一套中国各地特产的说明，它如现代知识有关的各种问题，我们也尽可能的范围内，从事编辑著译。目前暂以初中学生为对象，等到有相当成绩后，再照顾到小学生和高中生。

老实说，课本虽好，还须课外读物来补充。课本指示学生以门径，课外读物才是学生发现自己、造就自己的良好机会。课本是写给一般中等资质的学生看的，课外读物是写给天分较高、学习较勤的学生看的。只要学生爱看课外读物，进步自在意料中。

由于课外读物的重要，我们提议这儿各中学的专科老师、各报馆的优秀记者、各书局老练的编辑，应该彼此互通声气，成立一个课外读物编辑部，订定大纲，搜集材料，分头编辑、审查、校订。这种工作如果做得成功，将来一定一纸风行，由马来亚传播到东南亚各地的华校。这种播种文化的功劳，比较勒碑刻铭还有意义。从事教育文化的朋友们，大家请来尝试吧！

1954 年 4 月 21 日

注解：

① 马来亚：马来亚（Malaya）是马来西亚位于马来半岛部分的旧称，于1957年宣布独立。后连同沙巴、沙捞越成立马来西亚(Malaysia)。

② 国内：新加坡于1965年独立。在1950年代的新加坡华人，都毫无疑问地认为祖国是中国。

③ 开明书店和生活书店：都是20世纪上半叶在中国上海开设的著名出版机构。

④ 宋云彬(1897—1979)：中国著名文史学者、杂文家，30年代任开明书店编辑，主持编辑校订大型辞书《辞通》，主编过《中学生》杂志等。

⑤ 六号七号：新加坡在殖民地时代的英文学校六号和七号程度分别相当于初一和初二。

3 　助学金与叙别会

> 其实，同学们整天看看报，听听收音机，跟师友父兄谈谈天，他们无形中对于政治问题早有相当认识。与其让他们偷偷摸摸地暗中活动，不如鼓励他们公开活动。问题只看学校有没有胜任的人员肯牺牲一些时间和精力，给同学们做向导罢了。

真学问多是自修得来的，老师仅站在指导的地位。一般说来，老师教导一个钟头，学生须花上五倍至十倍时间，这才把学问的基础打得十分切实。不然，老师的金石良言，好像耳边风一样，听完就算了，要有心得恐怕很难。

真学问可以自修得来，为什么我们又要进学校呢？原来进学校的好处，就是向良好的老师请教。良好的老师，好像识途的老马，他们的学识和经验不消说会比学生高明，经过老师一指点，宛若画龙点睛，无知的学生可以省却暗中摸索的时间和精力。韩文公所谓"古之学者必有师。师者，所以传道授业解惑也"，[①]就是这意思。

然而进学校的更大益处，在于结交朋友，过着团体的生活。希腊的哲人亚里士多德说："人类是天生的社会动物。"[2]因此离群索居不但使一个人陷于孤陋寡闻，而且将来离开学校，踏入社会服务的时候，大有格格不入的感觉。

谈人文科学，我们还须数到英国的伊顿公学、哈罗公学[3]、牛津大学、剑桥大学。这些中学和大学的学生十九都是寄宿生。在学校里，听课仅占学生活动的时间三分之一，其余三分之二的时间完全费在球场、图书馆、礼拜堂、辩论会、饭厅、茶室里。因为教室里的生活，类似填鸭式的生活，老师站起来对着讲义朗诵，手指足划，舌敝唇焦，至于学生听得懂或听不懂，听得有兴趣或没兴趣，老师管不了许多。老师须按着学科进度表授课，聪明的学生不满足，笨拙的吃不消。要弥补这缺陷，除自动地到图书馆里拼命阅读，或者在喝下午茶的时候，对着老师质疑问难，恐怕进步也有限。名作家李科克[4]说，"牛津学生最得力于导师的烟斗面前的熏陶"，并不是没有理由的。

本坡的华校除极少数有宿舍设备外，其余多是因陋就简，什么设备都谈不上。自四年前华中和南中受政治的浪潮袭击后，连它们的小规模的宿舍也告关门大吉了。不料今年五一三的事件[5]发生，华校顿时陷于风雨飘摇的状态，幸亏教育当局及董教诸君应付得法，使一场风波暂告平息，但华校学生的课外活动却大受限制。

先谈助学金。助学金是华校学生自动地节省他们的零用钱，帮助贫穷同学的善举。这种行动的出发点，纯粹是同情心，而浓厚的同情心是社会进步的原动力。据我们知道，光是华中和中正这两间中学，受到助学金好处的人，至少达几百人，其他各中学，受惠者每间有几十人。须知新加坡是认钱不认人的社会，日常生活固然需要钱，即神圣的学府也是"非钱莫问"。漫说一学期的助学金仅有五六十元，可是这笔钱在贫穷的同学的心目中，却是天大的事情。现在家道富有的同学，居然能够打破自私自利的观念，以他们的有余，补助别人的不足，这种大公无私的行为，更值得教育当局的重视和倡导。虽然没有助学金的组织，同学们仍可暗中互相帮助，可是就效果上来说，有组织比较没有组织好得多。

至于叙别会，这更是一宗富有人情味的事情。古代的文人一谈到"别"，他们往往用"黯然销魂""悲莫悲兮生别离"等惊心动魄的词句。的确，同窗数载，一旦分襟⑥，人非木石，谁也难免会一掬同情之泪。我们鉴于去年本坡八间华文中学举办叙别会的成功，深知这种组织有存在的价值。它鼓励学生充分发挥演讲、歌唱、舞蹈、写作、交际、组织的天才，它引导学生努力研究社会风俗习尚的良窳⑦、善恶、真伪、美丑。漫说他们是一群年轻的小伙子，他们观察力的深刻，生活力的充沛，一般成年人绝对比不上。读者如不信，请看他们毫不费力地给南洋大学筹了六万元，便知端的。

原则上，助学金与叙别会，实在没有可非议的地方，然而教育当局及董教诸君仍有许多顾虑，为的是他们害怕这些组织会染上政治色彩。其实，同学们整天看看报，听听收音机，跟师友父兄谈谈天，他们无形中对于政治问题早有相当认识。与其让他们偷偷摸摸地暗中活动，不如鼓励他们公开活动。问题只看学校有没有胜任的人员肯牺牲一些时间和精力，给同学们做向导罢了。

古人说："防民之口，甚于防川"⑧，所以聪明的当局，应该有个雅量，让人们随便发牢骚，这比较把人民箝制得太厉害，因而一发不可收拾更为妥当。

1954 年 8 月 11 日

注释：

① 古之学者必有师。师者，所以传道授业解惑也：出自唐代文豪韩愈的《师说》。意思是说古代做学问的人一定有老师。所谓老师，就是传授道理和专业知识、解答疑难问题的人。

② 人类是天生的社会动物：这是亚里士多德的名言，Man is by nature a social animal.

③ 伊顿公学（Eton College）和哈罗公学（Harrow School）：英国历史悠久的著名学校。

④ 李科克（Stephen Butler Leacock 1869—1944）：加拿大幽默作家，经济学家。

⑤ 五一三事件：这是一件1954年在新加坡发生的学生运动。那时因为英殖民政府决定在1954年3月11日起推行"国民登记条例"以征兵。华校学生认为这是英殖民政府对付华校学生的阴谋，因而反对这政策。由于英方不接受所请，终于在5月13日爆发学生在总督府外请愿示威游行的大动作，估计有千人之众。在警方镇压下有60人受伤，另有48人被逮捕。

⑥ 分襟：分离。

⑦ 良窳(yǔ)：精粗好坏。

⑧ 防民之口，甚于防川：意指不让人民说话，比堵塞河川而引发的水患更可怕。

编者注：新加坡建国总理李光耀先生在他的回忆录中表示，他对当年华校生有那么多理想主义者，不自私，准备为更美好的社会牺牲自己的一切，一心只想推翻殖民地政府，建立一个平等和公正的新世界，感到震撼。于是，在1954年的下半年(11月21日)，李光耀先生决心将华校的精英和英校的精英，包括左翼份子结合起来，组成人民行动党。

4　庆祝新加坡大学的诞生

> 新加坡是东方和西方交通的要冲，同时，也是各大民族和平共处的所在。假如新加坡大学能够创办一间很健全的东方语文学院，广邀世界著名学者来教导中文、巫文、印文、日文、阿拉伯文，相信50年之后，新加坡大学所产生的人才，将广布各地。

今天是 1961 年的最后一天，明天就要迎接新的年头。

明天，1962 年元旦，新加坡大学正式产生，这是值得大家庆祝的一件大事情。

新加坡大学的名称虽很新，但它的历史却相当悠久。这间大学可以追溯到 1905 年创办的英皇爱德华七世医学院和 1928 年成立的莱佛士学院[①]。到了战后，新加坡政府成立一个委员会，由嘉桑特爵士[②]任主席，负责调查和建议有关马来亚的教育问题。嗣因该委员会的建议，才于 1949 年正式成立了马来亚大学。

1957 年，在大学的要求下，新马两地政府设立了由艾金博士领导的委员会，检讨大学组织的章程。该委员会建议，马来亚大学继续成为一间独立性的大学，可是分设两间地位相等的，多半是自主的大学，一间在新加坡一间在吉隆坡。

1960年5月，新马两地的政府示意到了1962年，在新马分别设立两间自治的国立大学，各自重新订立章程。

以上就是新加坡大学成立的简史。现在让我们瞻望新加坡大学的前途。

一间著名的大学，不但是国家的灵魂，而且是国际观瞻所系。英国以牛津和剑桥引以为荣，美国以哈佛和耶鲁而见重于世。至于中国的北大和清华，德国的柏林大学，法国的巴黎大学，意大利的罗马大学，苏联的莫斯科大学，日本的东京帝国大学，都成为众望所归的最高学府。

新加坡大学明天才正式产生，但它的医学院早在57年前已经成立。过去几十年间，医学院曾产生不少出类拔萃的人才，而最近由外国深造回来的医生，多数都得到最高的学位，使外国专家不得不刮目相看。

一间大学要在国际学术之林有相当建树，必须从创办研究院着手。截至现在止，除了新加坡大学医学院颁发"公共卫生文凭"（D.P.H.）外，其他各科还没有研究院设立。因此，从当地大学毕业的青年，必需负笈英、美、澳、新、加等地去深造，这不但费钱又费时，而且不是每个毕业生所能负担得起的。

为提高本邦的学术水准起见，新加坡大学应积极创办研究院，广聘第一流的学者专家来任教。这不但给本邦的优秀青年以应有的出路，而且能使新加坡提升为东南亚的学术中心。

古人说得好，"图难于其易"③。新加坡大学医学院已经有57年的历史，许多事情早已有规模，许多教授都已驾轻就熟。假如大学当局以医学院为中心，逐渐发展各院系，相信它可以用最少的金钱，得到最大的效果。

新加坡是东方和西方交通的要冲，同时，也是各大民族和平共处的所在。假如新加坡大学能够创办一间很健全的东方语文学院，广邀世界著名学者来教导中文、巫文、印文、日文、阿拉伯文，相信50年之后，新加坡大学所产生的人才，将广布各地。从此以后，一传十，十传百，百传千，千传万，用"桃李满天下"一词来形容新加坡大学的收获，恐怕不会过分吧。

虽然我们一向主张大学应该自治，不受政局的支配，大学研究院更应该独立，不依傍任何人。但是，为促进各种人才的产生，我们实在有和外国著名大学携手合作的必要。例如燕京大学，当它还没有和北京大学合并之前，仅有几十年的历史。从一间大学的历史看来，几十年宛若一瞬。自燕京和拥有300多年的哈佛大学发生联系，成立了"哈佛燕京学社"后，正合古人所谓"一登龙门，声价十倍"④。一来经费不虞匮乏，二来客座教授源源而来，三来毕业生不愁没有深造的地方。因此，我们主张，明天诞生的新加坡大学应尽快和外国著名大学作学术合作的准备。假如它能够得到一两间声誉卓著的老大学的支持，那么它的地位将更巩固了。

顺便我们又要提一笔。新加坡大学将聘请拿督李光前博士⑤为首任名誉校长，这是再好不过的选择。李先生一向关怀教育，不问政治，对于各民族人士，一视同仁，此外，他读书多、交游广。新加坡大学聘请他为名誉校长，正是实至名归，博得全体人民的支持。

1961年12月31日

注解：

① 英皇爱德华七世医学院和莱佛士学院：The King Edward VII College of Medicine and Raffles College.

② 嘉桑特爵士（Sir Alexander Morris Carr-Saunders 1886—1966）：英国生物学家、社会学家、学术和学术行政人才。自1937至1957年，他是伦敦经济学院的院长。

③ 图难于其易：出自老子《道德经》63章，意思是难成之事，从易处着手。

④ 一登龙门，则声价十倍：出自唐代李白《与韩荆州书》。

⑤ 李光前（1893—1967）：新加坡与马来西亚一带的慈善家，世界十大富商之一。其岳父陈嘉庚是新马有名的慈善家和华侨企业家。

编者注：新加坡大学和南洋大学于1980年合并，校名称为新加坡国立大学。

5　正在扩展中的新大中文系

> 新大得到天时、地利、人和的种种便利，将来它所录取的新生，至少中文系的新生，多是兼通中、英文，甚至还通巫文，语文上的基本隔膜已经消除，师生之间，大可引经据典，高谈阔论，用不着像欧美大学所办的东方研究院似的中文系，要绕了一个大圈子，才谈到本题。

新加坡大学中文系，自设立以来，将近十年。虽然有博学多才的学者来负责各个专题，但报名的学生反应似乎不太热烈，效果似乎也受了相当的限制。

最近几年来，新大已经敞开大门，让华校毕业生得考进该校先修班，然后由先修班考进大学本科。另一方面，该校从今年起，也让南大毕业生来转学，插入第二年级。这样一来，入学新生的来源增加，而且他们是来自中文基础较扎实的华校。师生两方面，都聚精会神来研究中文，探讨四千年文明古国的文化，蔚为新大的一个重要台柱。

平心而论,在教授人才方面,新大中文系实等于二十多年前的香港大学中文系。当时香港大学为着整顿中文系,把原有的一两位"大师"解聘,并由胡适博士介绍学贯中西的许地山先生来担任中文系教授兼主任,另外还请到马鉴先生和陈君葆先生,分任讲师。一个中文系仅有三位教师,这可以说是少得不能再少了。

这几年来,新大中文系也仅有三位教师,其中一位高级讲师兼代理系主任职,另外有一位讲师,一位助理讲师。这在五年前,中文系还算是"聊备一格"①的时代,倒也无所谓,但在目前新大决定扩展中文系的时候,当然会觉得人手不够了。

对于这事情,新大当局比较任何人都更关心,而且很虚心地愿意接受专家及一般社会人士的具体建议。

首先,中文系的性质问题。6月19日,本报发表一篇《读者来函》,它提出一个重要问题,"新大究竟是想办一个类似欧美大学所办的东方研究似的中文系,还是要办一个纯粹东方型的中文系?"据我们知道,新大绝对不想办一个类似欧美大学所办的东方研究院的中文系,因为新大得到天时、地利、人和的种种便利,将来它所录取的新生,至少中文系的新生,多是兼通中、英文,甚至还通巫文,语文上的基本隔膜已经消除,师生之间,大可引经据典,高谈阔论,用不着像欧美大学所办的东方研究院似的中文系,要绕了一个大圈子,才谈到本题。在欧美大学里,无论教授或学生,多采取间接的翻译方法,不是直接的单刀直入的方法,那是没办法的办法,而新大根本不要走那条路,一切教学将采取直接的单刀直入的方法。

其次,中文系所需要的人才问题。中文系的型式既定,那么它不应该聘请一位不会讲中文的汉学家来主持我们这里的中文系。这是理所当然,用不着多费笔墨来讨论。

但是，局外人应该知道，新大当局办事非常慎重的，绝对不会草率从事。在没有正式下聘书之前，他们要博访周询，先来个初步的提名，然后调查候选者的学历和经历。假如各种条件合适的话，还须经过几次面试，让大学当局所成立的遴选委员会或者它的代表和候选者面谈。最后，新大为着维持大学的尊严，绝对不想聘请一位有浓厚政治色彩的人物。

在目前的特殊环境下，仅有海外，尤其英国、美国，以及中国台湾、香港地区的人才，在新大当局考虑之列。其中担任中文系主任的，必须兼通中、英文，不然，大学评议会开会的时候，他就不容易应付，而平时处理行政上的一切问题，也会觉得相当困难。

截至现在止，新大的中文图书馆所收藏的中文典籍已经有13万册，虽然佛经占了很大的数量。假如在最近的将来，该校能聘请一位广孚众望的学者来担任系主任，同时，还聘请几位分担中国哲学、史学，及文学各部门的讲师，转眼之间，新大的中文系，马上可以赶上香港大学中文系，同时，也可以和该校的物理系、化学系看齐。

自新大于今年1月成为独立的大学后，凡百事业都虎虎有生气。该校当局正是言听计从，希望把这间大学办成东南亚的学术中心，而中文系的扩展，仅是该校的许多重要计划中的一项罢了。

1962年7月1日

注释：

① 聊备一格：姑且算作一份，勉强凑数。

6　注重母语与普及教育

> 因为语言文字的关键不外内容和形式。当一个学童精通他的母语之后,他的思想已经相当成熟,说话的方式也相当到家。这时候,他开始研究第二种、第三种语言文字,内容差不多毫无问题,他所应注意的,不过是生字和文法。

吉隆坡华校教师公会,日前致函中华大会堂,请发起召开雪兰莪[①]华人注册社团代表大会,推动华人子女进入华校攻读。自这建议发出后,它曾博得政府和人民的重视。教育部长哈芝哈密干(Abdul Hamid Khan)声称,我国[②]教育政策并无歧视任何语文源流的学校。一般人民也觉得,母语教育比较其他科目更为重要。

谁也知道语言文字是表情达意的一种工具。表情表得好,达意达得妙,语言文字的任务已经完成。

任何种族的儿童,从牙牙学语的时候起,到了五六岁止,他已经能够充分运用母语。到了入学之后,老师开始教他认字。老师在课室里教他日常生活上应用的文字,他一学就会,一会就能够自由运用。到了小学五六年级的时候，他不但能自由阅读书报，而且能够自由运用母语来写信作文了。这种教学的效率是多么高！

到了母语精通之后，进一步读第二种、第三种，甚至第四种、第五种语言文字，他大可如法炮制。因为语言文字的关键不外内容和形式。当一个学童精通他的母语之后，他的思想已经相当成熟，说话的方式也相当到家。这时候，他开始研究第二种、第三种语言文字，内容差不多毫无问题，他所应注意的，不过是生字和文法。假如他的生字懂得很多，文法又十分娴熟，那么他对于第二种、第三种语言文字，就有了基础。此后，他只需多找机会跟人家会话，时常阅览书报，甚至很用心地作文、写信、写日记，他的第二种、第三种语言文字，也很容易达到自由运用的程度。

以英国为例。英国的学童，到了精通母语之后，家道富有的家庭，多聘请法文或德文的教师给孩子补习；或者利用假期的机会，让孩子横渡英伦海峡，到法国或德国去小住一段时期。不用两三个假期，这些学童不但能够说标准的法语或德语，甚至能够读和写。这儿充分证明，精通母语之后，兼通两三种语言文字，一点也不困难。

读者如不健忘，恐怕都记得西洋传教士到东方来传教的故事。他们到了一个新地方，马上运用罗马拼音来学习当地的语言文字，不用一年半载功夫，他们就能够自由运用当地的语言文字来传道了。最使人惊奇的，就是那些本来一字不识的中年人，经过传教士花了一两个月工夫，教导他们怎样运用罗马字来拼音后，他们忽然变成通人，看书写作样样行。此中关键，完全在于母语教育。因为那些目不识丁的中年人，文字虽没有谋面，语言早已到家。经过传教士运用罗马字这种符号，教导他们把母语记载下来，所以他们一读就顺口，一看就顺眼，一听就顺耳。最后，得心应手，应付裕如。受了短期的教育，马上可以充分运用母语，这证明母语教育是多么重要！

　　罗马梵蒂冈的历任教皇，十九都是大学问家，大语言家。他们至少畅晓6国以上的语言文字，而且都相当高明。但是，教皇的学问无论多么渊博，语言文字无论怎样娴熟，他们主要是用自己的母语来发表演讲或写作。只要持之有故，言之成理，那么他们洋洋万言的文章，或简明扼要的评论，都有秘书处的各领域高手，翻译为各国文字，让全世界人士都能够接收到他们的教训。

　　这儿可见，语言文字最重要的是内容。一个人可以先通母语，然后兼通几种语言文字，可是，到了最后表现的关键时刻，恐怕母语会比较其他任何语言文字更来得正确而流利。

　　我们一路来鼓励华校学生须研读英文和马来文，因为马来文是国语，英文是国际上运用最广泛的语文。至于华文，这是我们的母语，学习起来不但节省时间和精力，而且更能够深入。

　　大家知道，近代的印度，曾出了一位大文豪泰戈尔。泰戈尔虽读了一辈子英文，但他的主要著作，全部用母语——孟加拉语——写成的。这种活生生的例子，是个好榜样。

　　最近，吉隆坡教育部发行的季刊，该刊的社论建议，教师应随时向学生灌输正确的观念，尤其强调狭隘的国家主义早已不合时宜。这是一篇值得推荐的好文章。

　　简单说一句，我们之所以重视母语，纯粹从普及教育的观点出发。到了母语精通之后，再兼通英文、马来文，这对于普及教育和谋生都有裨益。

1963 年 10 月 10 日

注释：

① 雪兰莪 (é)：马来语为 Selangor，马来西亚十三州之一，首都吉隆坡的所在州，位于马来半岛西海岸中部。

② 我国：自 1963 年 9 月 16 日至新加坡独立日 (1965 年 8 月 9 日)，新加坡是马来西亚的成员。

编者注： 新加坡建国 50 年以来，语文的教学和学习方法，从来没有停止过讨论。教育的目的是普及，因为每个时代，每个族群，都会有资质特别聪颖的学生。他们无论在任何教育制度，都能够出类拔萃。新加坡引以为荣的双语政策是否成功，并不是看社会少数的精英代表，而是评估一般老百姓运用语文能力的水准。

7　提高华校的英文水准

> 华校应多聘胜任愉快的英文教师，这些教师不但学有根底，而且须对英文有浓厚的兴趣。在可能范围内，政府不妨礼聘英国、加拿大、澳洲的英文专家来教导。须知，良好的教师，等于优秀的种子，将来一传十，十传百，效果妙不可言。

　　华校的英文程度不够水准，这是公认的事实。我们应该怎样提高英文程度，各人的意见，不尽相同。有的太过偏见，有的太过迂腐。为折衷计，我们特地提出下列建议。

　　本来是独立的国家如日本，它的学生研究英文的态度和本来是殖民地的国家截然不同。在独立的国家里，一般人研究英文或者其他外国语文的态度是这样，他们只希望能够看得懂、译得通，一切问题都解决。至于会说不会说，会写不会写，他们根本不必担忧，因为社会上曾培养一批英文或其他语文专家，负责外交和译述的任务，普通人尽可袖手旁观，不必花太多时间和精力去学习英文或者其他外国语文。

　　马来西亚则不然。这儿像印度一样，一百几十年来都是英国的殖民地。在殖民地的时代，英文是唯一的官方语文。懂得官方语文的人，才有机会升官发财；不通官方语文的人，到处会碰钉子。只因英文和吃饭问题有密切的关系，所以过去许多家长明知学习外国语不如学习母语那么容易，但是，为着子女的谋生问题着想，他们极愿意送儿女到英校去读书。

现在时势转变，华文逐渐被人重视，连一向在政治上和中国对立的美国，现在也倾全力来研究中文了。据一般熟悉美国教育内情的专家说，目前美国不但研究中文成效卓著，就是研究日文、印度文、阿拉伯文，也很有成就。它的语文专家和教育专家，对于教导外国语文的问题，研究有素，结果，达到一通百通的目标。

多年来，华校是中英文并重，可是一般高中毕业生对于英文是一窍不通。因此，初出茅庐的青年，到社会谋生的时候，往往会觉得极不方便。我们知道，这些青年，如果有机会让他们练习一年半载，他们很快会迎头赶上，像目前在政府部门服务的华校出身的学生一样。但是，我们也应该知道，社会对青年的要求是十分苛刻的。任何公私机构用人，它总要请来的职员马上能够负起应尽的责任，谁也没有那个闲工夫，让你慢慢去学习。因此，那些英文水准较低的学生，一来就被人享以闭门羹。本来是满腹经纶，现在只因英文程度欠佳，致无路请缨，这岂非人生一件憾事？

其实，多年来华校的英文上课时间不算太短，所差的是师资和教授法。这两点和英文程度的改善极有关系。现在让我们稍加说明。

过去华校的英文教师，主要的是剑桥文凭生[①]，马大毕业的寥寥可数，至于马大英文学系毕业的，更是凤毛麟角了。因为教师本身的英文程度颇成问题，所以他们教出来的学生的英文程度，恐怕又要打个七折八扣。

过去华校的英文教学法，多数没有采取直接的教学法。教师一面教英文，一面用华文解释。更糟的就是太过注重英文文法的条例。结果，学生读了将近十年英文，除了极少数的例外，大多数都不敢开口。因为他们没有自信心，恐怕开口便错，动笔便错，所以他们索性不讲、不写，到了社会谋生的时候，他们往往会当场被缴械，自己过去十几年学到的东西，完全没有表现的机会。这是很可惜的。

最近新加坡各教育团体，知道华校的英文有提高水准的必要，不然，就会影响学生将来的出路。他们要求增加英文教学的钟点，增加上课的节数。这些要求是近情近理的，而且可以走得通的。但是，最关键的问题，还是师资和教学法问题。

我们认为，华校应多聘胜任愉快的英文教师，这些教师不但学有根底，而且须对英文有浓厚的兴趣。在可能范围内，政府不妨礼聘英国、加拿大、澳洲的英文专家来教导。须知，良好的教师，等于优秀的种子，将来一传十，十传百，效果妙不可言。

除了礼聘优秀的教师外，我们须增加视听教育的种种设备。目前我们有电视、收音机、唱片、电影，这些工具对于英文的教学很有帮助。

此外，我们的青年学子须养成正确的观念。他们应该知道，学好英文并不是准备做洋奴，而是通过这种国际通用语，将来在专门研究，从事工商业，甚至游历观光，都方便得多了。

认识一正确，教学方法一改良，华校的英文程度自然而然会提高。到了那时，谁也不会觉得和社会格格不入了。

1963 年 12 月 19 日

注释：

① 剑桥文凭：相当于现今的剑桥普通水准考试毕业文凭（GCE "O" Level）。

8 怎样提高华校的语文程度

> 精通与略通不同。精通须把名家的文章，择要朝夕朗读，反复微吟，以其达到"不啻若自其口出"的地步。这样一来，"读书破万卷，下笔如有神。"虽然不是文学家，也可以算是谈吐不俗的人物。

自联合国成立后，中、英、法、苏、西五种语文被选为大会通用的语文。无论世界上任何国家的代表，都可以自由运用上述五种语文中的一种来发言。当某代表发言的时候，联合国所聘请的语文专家，便同时运用其他四种语文来翻译。各位听众可以收听自己最擅长的语文，丝毫没有隔阂的毛病，这是多么理想。

在传统上，华校一向兼重中文和英文。这种政策绝对是正确的。不过各校的教师责任感不同，有的十分认真，有的敷衍塞责。因此，各校所出产的毕业生的语文程度，往往相差很远。

首先我们要明白一个原则："群山万壑，必有主峰。"这两句话，不但可以应用于语文的学习，而且可应用于任何科目的研究。因为一个人的时间和精力十分有限，在这方面特长的人，在那方面难免会参差。除了专门担任两种语文互相翻译的人才外，普通人的两种语文程度，总有高低强弱之分。

一般说来，华校以中文为主，英文为辅；英校以英文为主，中文为辅，这办法是对的。事实上，一种语文学得精通，以后学习外国语也易如反掌。到了外国语也达到自由看、读、听、写的程度后，再来研究第二和第三外国语，也不会有什么困难。瑞士、荷兰、加拿大、比利时等国的学者之所以能够自由运用几种语文，就是最显著的例子。

英国历史上产生了两位出类拔萃的史学家兼文学家。他们的名字叫作吉朋①和马皋莱。他们在英国历史上的地位，等于中国的司马迁和班固。在历史还没有变成枯燥无味的考证学之前，史学家不消说是一代大文豪，不然，他就没有那种胆量和魄力来修史。

先说吉朋研究外国语文的方法。他所采取的是重译的方法。他先把外国文的片段译为英文，过了两星期后，再译为外国文。两相比较之下，自己的外国文程度的高低，马上可以反映出来。经过一二年不断的实习后，运用外国文也如母语那么正确而流畅，这才算是达到研究外国文的目的。

再说马皋莱研究外国文的方法。他所采取的是一精百通的办法。大家知道，《圣经》在西洋文学史上的影响，好像日月经天，江河行地，无往不至。马皋莱自幼把《圣经》读得烂熟，熟能生巧，所以他出口成章，而且最富吸引力。当他研究欧洲各国语文的时候，他最得力的导师，就是这部《圣经》。大家知道，《圣经》有各国文字的译本，每种译本都经过权威学者和文豪的字斟句酌后，才开始印行，所以《圣经》译文的可靠性比较普通书籍高明得多。只因马皋莱熟读《圣经》，所以当他看外国文的《圣经》时，内容如何，他早已洞悉无遗。这样一来,他可以节省不少翻字典的时间。

须知初学外国文的人,最怕翻字典。翻了半天,记不了几个字,把阅读的兴趣大大减低。假如华校学生懂得把自己最熟悉的几个现代作家的几本名著,如《阿Q正传》《骆驼祥子》《子夜》《雷雨》的英文译本拿来细心阅读,书中的故事早已一目了然,看时可以节省翻字典的时间。只要他一连看完几册英译本,那么兴趣来了,信心也加强了,以后一层深一层地继续研究,不难把外国文搞得精通。

精通与略通不同。精通须把名家的文章,择要朝夕朗读,反复微吟,以其达到"不啻若自其口出"的地步。这样一来,"读书破万卷,下笔如有神"。虽然不是文学家,也可以算是谈吐不俗的人物。

略通须乞灵于语法、文法、修辞等课程,这是抄近路取巧的方法。不过文法和修辞考到一百分的学生,未必都会写出情文并茂的好文章,因为这些课程属于科学的分析,以已知求未知,理解力颇惊人,写作力却嫌不足。目前欧美的汉学家,大多数都属于这个范畴。

最后,我们要明白,研究任何语文纯粹是个环境问题。目前欧美各语文专家非常注重视听教育,让学校多设备收音机、录音机、电视机,让各位语文教师尽量鼓励学生多看、多读、多听、多写。中小学时代在壁报上发表了一篇短文,很可能鼓励他立志做文学家;礼堂辩论会发表一篇演讲词,很可能刺激他决心做政治家。学生是一片雪白的纺绸,染于苍则苍,染于黑则黑,这问题全看各校校长怎样充实设备,教师怎样努力指导。

1964年4月16日

注释：

① 吉朋（Edward Gibbon 1737—1794）：又译为爱德华·吉本。英国历史学家，《罗马帝国衰亡史》的作者。

9　学生应注意课外读物

> 这种爱逛书店、好买新书的习惯一经养成，将来自然会走上专家或通人的门径，至少可以算是常识丰富的读书人。

考试制度是衡量学生程度的一种方法，但不是唯一的方法。不过有时矫枉过正，教育当局太过注重考试制度，弄得学生不懂得反复玩味学问的真正意义，结果，考试告一段落，有的学生把他们所学的东西忘得一干二净，或者索性把书籍卖掉，永远和学问绝缘。

上学不是为求学，而是为争取文凭。这种买椟还珠①的方法，似乎是教育的失败。

当考试制度不大被重视的时代，一般青年学生，多少会利用课余之暇逛逛书店，参观图书馆，尤其是逛逛书店，各种新书应接不暇，除了东翻西阅外，还把零用钱省下来购买心爱的书籍。这种爱逛书店、好买新书的习惯一经养成，将来自然会走上专家或通人的门径，至少可以算是常识丰富的读书人。

自初中会考，高中会考严厉执行后，学生读书的态度完全改变了。一来，学校当局为着争取会考及格的百分率，不得不加紧准备考试，不然，这对董事会和家长都没法子交代，而明年度学生的数目减少，很可能使学校当局寝食不安。二来，学生恐怕考试不及格，或者考试成绩不够水准，致有留级或者开除学籍的危险，所以不得不日夜开工。本来勤力读书是治学的唯一要诀，可惜用功的目标仅限于考试，这似乎不大正常。

为着倾全力来应付考试，学生不但对于课外读物丝毫不感兴趣，甚至对于课本也觉得多余。他们认为应付考试的终南捷径，莫如会考问答，数学三百题，物理、化学、生物学题解。因为他们不从根本着想，不知道细心研究原理，只想应付考试问答，所以他们的悟性大受限制，一天到晚仅从记性上做工夫。经过长期的限制，他们的脑儿坏了，再也不能想，再也不用想了。因为一切事情，全靠编辑考试问答的老师代为解释，他们只须做鹦鹉、做填鸭就够了。

除了以考试问答代替标准的课本；以标准的课本代替良好的课外读物外，学生们一天到晚，就忙着准备考试。平时读到三更半夜，到了会考临头，有的用咖啡，有的用鸡精或洋参汤来提神，把读书的真正趣味减低到零度，这似乎是活受罪。

学生本人受罪，还算是情有可原，最可怜的就是家长也跟着受罪。目前政府倾全力来提倡教育，建筑新校舍，这种功绩谁也不能否定，但是，只因学校太过注重考试，所以有些家长不得不节食缩衣，聘请私人教师来替学生补课。一门功课五十元，两门一百元，这种负担至少比学费贵了十倍至二十倍。

据悉，自苏联发射人造卫星后，美国的教育制度大受刺激。年来美国中等学校的数学程度逐渐提高，课本也日新月异，许多家长在三十年前所学的东西，现在已经不合时宜，更没有法子指导子弟。照规矩，老师选教材，家长来伴读；现在家长的学识落后，所以他们须进"家长训练班"，把自己先改造一番，这才有资格教导子弟。

截至现在止，考试是衡量学生程度的一种方法，但不是唯一的方法。学校当局和教师固然要督促学生准备考试，不过在假期或周末，学校当局和教师应该指导学生阅读课外读物，一面使他们养成自动看书，独立思考的习惯；一面使他们增进常识，从事身心的平衡发展。

平心而论，办理教育是一宗最困难的事情，因为任何制度，有利必有弊。朱子说得好："教育犹如扶醉人，扶得东来西又倒。"怎样才能够得到一种制度的益处而避免它的弊端，这不消说要教育当局、学校当局、家长多负一些责任。

去年的会考成绩，迟到今年三月间才揭晓；今年的会考生，早已向教育部报名。今后的六个月间，无论中四或高级中学毕业生，都要绞尽脑汁来准备考试。在这过程中，他们所念念不忘的是各种科目的会考问答，而标准的课本须搁在一边，课外读物更是不敢问津。这种办法对于学生身心的发展是否有妨碍，倒值得有心人细心考虑。

1965 年 5 月 20 日

注释：

① 买椟还珠：出自《韩非子·外储说左上》。楚国一位珠宝商人到郑国去卖珍珠，一人出高价买去，但他只看中精美的匣子，遂将珍珠还给珠宝商。后比喻舍本逐末，取舍失当。

编者注： 现在补习的学费已比 50 年前增加了至少三到四倍。

10　重订留学政策

> 每个优秀的青年，必须在本国受完大学教育，并且在社会服务两年之后，才可以到外国去深造。只因他们在出国以前，已经对本国的历史背景、社会的需要、个人的特长有深刻的了解，所以他们出国的时候，才能够单刀直入，专门向久仰大名的教授质疑问难，而不至于"如入宝山空手回"。

留学是一宗好事，不过留学一变成"镀金"，这对自己是个大侮辱，把自己贬抑到一文不值。因为这种说法，等于把本国的教育当作破铜烂铁，然后到外国去"流"学几年，好让外国的高明教授点铁成金。这种灭自己的意志，长他人威风的作法，实在不足为训。

亚非落后地区的教育，往往患了这个通病。

自亚洲落后地区受了欧风美雨的侵袭后，大家恍然大悟，谁也觉得要把国家从贫弱的地位，进为富强的境域，除了以全副精力来模仿欧美各国外，实在找不出第二种方法。

　　起初，它们派遣幼童到欧美去留学。那些幼童在外国住了十年八年，到了回国后，三分不像洋人，七分不像本国人。除了极少数的例外，大多数对本国的生活习惯都格格不入。这种办法，不如干脆聘请道地的货真价实的外国顾问，更为合算。

　　经过这次教训后，有心人才主张设立留美预备学校，先在本国学习英文八年，同时，还请美国人来教导起居饮食，以及日常生活的礼节，使学生出国后，不至于太陌生，而且可以直接考进美国大学，不至把留学变成"流"学。

　　经过十几年的实验后，高明人仍觉得此路不通。因为这些留学生虽然学有专长，能够负起建国各部门的责任，可惜他们所受的劣根性太深，在意识上太不健全，弄到大多数留学生仅成为"买办阶级"，希望在经手做买卖的时候找到一笔佣金。例如中国抗日战争的初期，从欧美各国留学回来的专家——其实，多数是买办——争先恐后地替政府购买军火，结果，才闹出子弹放不进枪的笑话。

　　经过战争的洗礼，同时，经过严重的教训后，大家才心平气和地决定提高本国的高等教育，每个优秀的青年，必须在本国受完大学教育，并且在社会服务两年之后，才可以到外国去深造。只因他们在出国以前，已经对本国的历史背景、社会的需要、个人的特长有深刻的了解，所以他们出国的时候，才能够单刀直入，专门向久仰大名的教授质疑问难，而不至于"如入宝山空手回"。

　　目前新马的高等教育，正处于这阶段。由马大、新大、南大等校毕业的学生，在社会服务两年之后，再出国深造。这种办法，不消说比从前到外国去读中学和大学好得多。

但是，人类对进步的要求是没有止境的。以日本为例，它不但看重本国的大学教育，更十分注意本国的研究院的教育。因此，每个优秀青年以考取本国的最高学位为无比的光荣。只因日本的学术界的观念正确，所以各部门学问，都有成德达才的学者专家，跟国际学术界争一日之短长。

这种正确的观念，学术独立的志愿，是值得新马教育当局，以及各位优秀青年效法的。截至现在止，南大还没有创办研究院，但这可以说是"具体而微"①，离开国际的水准，还有一段距离。

目前一个大学毕业生到美国去深造，每年约需四千美元；到英国，约需二千美元；到澳大利亚和新西兰，约需一千二百美元。平均约二千美元。据非正式的估计，新马在海外的留学生，多达六千名，这是说，每年约需一千两百万美元。假如把这笔钱节省下来，集中精力，提高大学教育，创办研究院，这不消说会把当地的学术水准不断地提高。

等到各位优秀青年在当地受完大学教育及研究院之后，他们算是学有专长的人才，届时，可以自费，或者申请奖学金到外国去考察，取人之长，补己之短，这才是争取教育独立、学术独立的终南捷径。

在研究工作上，新加坡大学医学院因为历史比较长久，其中有几个部门，早已博得国际学术界的公认，成为"真金"，用不着到外国去"镀金"，但望其他各大学及各学系，在教育当局及学术界的通力合作下，力争上游，大家整齐步伐，向学术界的最高疆域进军，十年之后，当地人才辈出，谁也不敢再瞧不起我们。

1968 年 5 月 2 日

注释：

① 具体而微：具体，大体具备；微，微小。指内容大体都有了，但布局和规模比较小。

11　中小学历史课本须重新检讨

> 在教科文组织的领导下，鼓励各国的教育部，在编纂中小学历史的时候，把重点放在社会经济史、文学史、艺术史、学术史上边，使所有青年和少年，提早养成爱护祖国，同时又尊重邻国的健全心里。这是和平共存的先决条件，这也是长治久安的不二法门。

历史的最大作用，在于鉴古知今，使后人不重蹈覆辙。中国的名史学家，左丘明、司马迁、司马光著史的目的如此；英国的名史学家，吉朋、马皋莱也是如此。到了19世纪，德国出了几位史学家，他们以考订史实为能事。大势所趋，一般学者就以拾遗补阙，收集材料为唯一任务，注脚比正文还多，读完之后，好像雾里看花一样，莫名其妙。充其量，仅证明某某学者很渊博，所看的参考书比较别人多一些罢了。

至于各国中小学的历史课本，无非以历代帝王的朝代为经，以文官武将的事迹为纬。从头到尾只是一战紧接一战，所说的仅是攻城略地，拓土开疆的事情。谁能够用阴谋手段达到图强制霸的目标，这种人就算是民族英雄，而英雄杀人盈野盈城的事情，却轻描淡写地稍微提一提。

在过分崇拜帝王将相的观念下，各街道、公园、学校、以及重要的建筑物，多以他们的名字来命名。在英国人的心目中，最值得崇拜的民族英雄无非纳尔逊①、威灵顿②；法国人最值得自豪就是拿破仑；德国人最喜欢夸耀的就是俾斯麦。事实上，这些民族英雄，满身带着血腥味，他们的行动也许使人快意于一时，到头来，还不是像赌博一样，二三十年前，甲国赢了一盘；二三十年后，乙国也赢了一盘。所征服的是手无寸铁的亿万生灵，真正胜利的仅是极少数王侯将相，所谓"一将功成万骨枯"，就是这意思。

从狭窄的国家主义看来，帝王将相的历史，也许会使学生自我陶醉一番，以为自己的祖先曾经那么本事，能够把邻国一度夷为平地，把别国的老百姓变成俘虏或奴隶。从广大的国际主义看来，那种陈腐的论调，正是人类的大敌，因为它已经种下祸根，鼓励人民加强仇恨，随时准备杀人放火。须知世界上没有单程交通的事情，相反的，许多事情都是循环报应，越国既然可以被挖成沼，吴国也可以被掘成池，目前虽然要被迫定城下之盟③，二三十年后，此起彼落，还不是一条好汉？

为着世界永久和平着想，我们正式建议，今后各国的历史教科书的内容，应该重新检讨一遍，把王侯将相的功业尽量冲淡，免得下一代的青年和少年，早就中了毒素，以为侵城略地，拓土开疆，是人生的第一要义。

我们认为，目前世界各国的通病，就是彼此互不了解，甚至故意闭着眼睛，堵着耳朵，根本不想法了解。由误会生怀疑，有怀疑生怨恨，由怨恨就动起杀机，非把对方连根带蒂拔起来，誓不甘休。甲方既然如此，乙方又何独不然？这样一来，兵连祸结，战争将永远没有停止的一天。

要消除误会，必须从了解对方着手。因此，今后的历史内容，应该多注重人民生活的历史，即社会经济史。翻开历史教科书，谁也可以一目了然地明白本国和别的国家的人民的宗教信仰、日常生活、起居饮食、婚丧庆吊。到了充分了解之后，我们才能够一方面保持自己的风俗习惯，另一方面尊重人家的风俗习惯，断不至于轻易产生蔑视人家的恶劣心理，心理一正常，许多无谓争执，将消弭于无形。

再进一步，无论本国史也罢，世界史也罢，它们的重点，除了多多描写人民生活有关的社会经济状况以外，应该用全力来发扬文学家、艺术家、科学家的伟大成就。例如孔子、耶稣、穆罕默德等圣人的教义，内容虽不尽同，但它们的劝善惩恶的作用却大体上相似。又如屈原、陶渊明、李白、杜甫、荷马、但丁、莎士比亚、歌德的诗篇，它们可以大量翻译成各国的语文，使各国人士共同享受他们的心灵作品。至于文艺复兴时代的罗马三画圣，以及中国的顾恺之、吴道子、石涛、八大山人的创作，都是人见人爱。这些顶天立地的宗教家、哲学家、诗人、艺术家，才是道地的伟人，真正的英雄。他们可以打通国界，他们可以化干戈为玉帛，释戾气为祥和。

自联合国于1945年成立以来，它最大的成就在于教科文组织（UNESCO）。我们希望一些超级强国放松把持这个国际机构的政策，把大门尽量敞开，让各国都有机会加入。同时，在教科文组织的领导下，鼓励各国的教育部，在编纂中小学历史的时候，把重点放在社会经济史、文学史、艺术史、学术史上边，使所有青年和少年，提早养成爱护祖国，同时又尊重邻国的健全心理。这是和平共存的先决条件，这也是长治久安的不二法门。

1969 年 9 月 25 日

注释：

① 纳尔逊（Horatio Nelson 1758—1805）：英国 18 世纪末及 19 世纪初的著名海军将领及军事家，他在 1805 年的特拉法加战役（Battle of Trafalgar）击溃法国及西班牙组成的联合舰队，但自己在战事进行期间中弹阵亡。

② 威灵顿（Arthur Wellesley, 1st Duke of Wellington 1769—1852）：英国军事家、政治家，19 世纪军事、政治领导人物之一。他是历代威灵顿公爵中最为人熟悉的一位，所以他常被称为威灵顿公爵。

③ 城下之盟：指在敌人兵临城下时被迫签订的屈辱性和约。

12　考试制度与创造思想

> 文治武功、一时无两的丘吉尔，笔扫万军、雄视文坛的萧伯纳，他们的成功，主要是逃出考试的樊笼，自由自在地发挥他们的天才。相反的，假如他们要长期受了考试制度的限制和摧残，恐怕他们的天才早已埋没，努力也是徒然。

随着工商业的进步，什么东西都要大量生产，这才能够降低成本，争取国内外市场。同样地，自教育普及后，学生的人数激增，中小学不必说，光是大学生的人数已经达到惊人的地步。美国最多的几间大学，数目已经超过八万人，比较一个小城市的人口还多。

因为学生人数激增，教师和学生的关系就越来越疏远。教师不但不认识学生的个性，以便"因材施教"，而且把衡量学生程度的办法，完全取决于考试成绩。只因考试制度过分严格，许多学生便成为考试制度下的牺牲品。那些落选的学生不必说，他们断送一切前途，除了中马票外，他们差不多没有翻身的机会，一辈子过着艰难困苦的下层阶级的生活。那些侥幸中选的学生，固然可以过着较安定的生活，不过他们大多数是没有创造思想，而且根本不用思想，这实在是一宗遗憾的事情。

以中国为例，当先秦诸子时代，百花齐放，百家争鸣，所以一些绝顶聪明的学者就能够发挥自己的天赋，"究天人之际，通古今之变，成一家之言"①。漫说不同学派的人物可以标新立异地发表各自的主张，甚至同一学派的人物也可以坚持己见，彼此互唱对台戏。别的不用说，光是同样属于儒家的孟子和荀子，前者主张性善，后者却认为性恶，表面上似乎绝对矛盾，事实上只要"持之有故，言之成理"，两种学说都有存在的价值。

到了秦汉之后，一方面经过秦始皇的焚书坑儒，一方面经过汉武帝的思想定于一尊后，中国读书人的创造思想大受摧残，凡是特立独行之士，大多数都要挨饿，甚至惨遭各种不应得到的刑罚。

须知一般统治阶级所需要的是奴才，不是人才。奴才唯唯诺诺，惟命是听，自己不但不能运用思想，而且经过长期考试之后，根本就没有思想。至于人才，他们要运用思想，他们要指摘这个，批评那个，这无疑地是"造反"，是大逆不道。凡是"造反"或大逆不道的人，活该坐监，或身首异处。

从表面上看来，没有创造思想的人，当然可以成为御用的人才，他们不但会做传声筒，而且根本不会造反，这对于"既得利益"(vested interest)和手握大权的人是个最好的保障，但是，从长远的眼光看来，这对于国家和社会是个大损失。

前天新加坡大学物理系讲师陈伯纳博士②说，"创造性和革新思想，对于工业的成功是一项必要条件"。他又说，"要在工业方面普遍具有革新思想，就有赖于本国的教育制度，在儿童很早的阶段就培养他们的创造力。但是，目前新加坡的教育制度，对新加坡成为工业国的生存能力是一项'绊脚石'，它妨碍了革新思想"。

陈博士这一席话，正是一针见血。他能言人所未言，言人所不敢言。因为他本人已经得到博士学位，在考试场中可以说是身经百战，尝过甜酸苦辣各种味道。他认为目前的考试制度对阻塞创造性思想倒非常有效。他也认为仅是接受技术技能的训练，并不能使学生具有创造性思想。

目前新加坡的工业，是处于最初步的阶段，一切的一切，都由国外的专家设计得非常周密，制造得十分完善，然后把零件运到本国来装配。这是不足够的。因此，陈博士强调我们应把旧的和新的科学观念翻新和巧妙地运用。这是说，我们应具有发明的能力，才能够使新加坡成为一个真正的工业国。

考试制度的一个特点就是文凭。目前新加坡政府录取人才的主要标准，无非是看文凭，可是有些人才并不是文凭所能限制。

以英国为例，英国教育发达，人才辈出，而牛津、剑桥、爱丁堡三间古老的著名大学，差不多产生英国半数的人才。可是另外半数的人才，和上述三间古老的大学毫无因缘，他们多是自学成功。文治武功、一时无两的丘吉尔，笔扫万军、雄视文坛的萧伯纳，他们的成功，主要是逃出考试的樊笼，自由自在地发挥他们的天才。相反的，假如他们要长期受了考试制度的限制和摧残，恐怕他们的天才早已埋没，努力也是徒然。

在这重要关头，我们希望朝野上下重新考虑我们的考试制度。

1970 年 10 月 6 日

注释:

① 究天人之际,通古今之变,成一家之言:出自司马迁《报任少卿书》。司马迁说他写《史记》的意义是希望通过研究自然规律和社会规律之间的对立统一关系,理解自古至今的变迁,成就自己独立完善的理论著述。

② 陈伯纳博士(Dr. Bernard Tan):自1968年受聘为新加坡大学物理系讲师,后擢升为理学院院长多年。他多才多艺,在音乐界也有很高的造诣。

13　热烈欢迎杨振宁教授

> 从远处着想，我们不但要注重理科，我们也应该注重文科。再进一步说，我们应该比较注重实用的科学和技术，不过我们也不能不特别关怀理论科学。

　　假如你说英联邦 31 个国家首长会议，使新加坡在政治舞台上占了一个位置，那么诺贝尔奖的得奖人，物理学家杨振宁教授担任南洋大学校外考试委员，无疑地使新加坡，尤其是南洋大学的学术地位提高。

　　英联邦各首长到新加坡时，猛将如云、谋臣如雨，个个成为通讯社及报馆注意的对象。杨振宁教授来时，仅是单枪匹马，到机场欢迎他的人物，除了大学当局，普通社会人士漠不关心。然而权其轻重，我们要对杨振宁教授表示最大的敬礼。

　　翻开各国的历史，主要的以政治史为中心，它如文化史、经济史、社会史，老是放在次要的地位。盖代天才司马迁，他呕尽心血写成的《史记》，把帝王的生平叫作"本纪"，把王侯叫作"世家"，把文学家、学问家、货殖家①、游侠叫作"列传"，这显然是错误的观念。可是这种观念，一直支配中国的正史二千多年。直到近代，西洋一些史学家推翻旧观念后,大家才密切注意到文化史、经济史、社会史的重要性。影响所及,中国的史学家也开始转移注意力,不再斤斤计较政权的争夺战,宫廷之间的琐事了。

这是人类社会的大进步。

平心而论,紧握大权的政治领袖,正如太史公所说:"当时则荣,殁则已焉"②。可是文学家、学问家的影响力,却是日月经天,江河行地,万古长春。请问你记得秦始皇、汉武帝、唐太宗、宋太祖、元太祖的丰功伟绩呢?还是孔子、司马迁、杜甫、苏轼、曹雪芹的著作呢?请再问你记得亚历山大、凯撒大帝、伊丽莎白女皇、拿破仑、彼得大帝的辉煌时代呢?还是荷马、但丁、达·芬奇、莎士比亚、歌德留下的巨作呢?对于略输文采,稍逊风骚的政治领袖的评价,不用博学深思之士,就可以提出正确的答案。

闲话休提。杨振宁和李政道教授同时得到物理诺贝尔奖的时候,年纪都很轻,前者35岁,后者仅31岁。十几年来,他们所提出的新定律,对理论物理学和实验物理上有很大的贡献,特别是在磁场运动方面。关于这方面的材料,各国的专门学报,以及通俗杂志和报纸发表很多,毋庸赘述。

我们所特别注意的,倒是昨天各报所刊载的杨教授在记者招待会的谈话。

第一,语文问题。语文仅是一种工具。哪种语文被采用,全由当地的势力分子来主导。漫说国际上常用的语文,光是地方性的方言来看,我们可以知道哪个地区的人占优势。中国香港的广东话,新加坡和槟城的闽南话,曼谷的潮州话,诗巫③的福州话,早已成为当地最流行的方言。同样的,自19世纪维多利亚女皇以来,英国最富强,属地占全球,伦敦成为国际政治、经济、文化的中心,所以英文成为国际通用语。到了第二次世界大战后,美国继承英国的地位,所以英文仍占了重要的地位。

但是,我们不要忘记,日本自明治天皇后,凡事业都模仿欧美,但在教学的媒介语上,坚持应用日文,虽然大多数学者都有阅读几种外国语文的能力。当日本各大学运用日文作科学教学媒介语的时候,起初,也许会不大习惯,但是,一回生,二回熟,三回就到家了。

这是我们多年来一贯的主张。因此,我们很赞同杨教授的说法:"假如大家在科学上或工业上时常应用中文,必要时做些改进,中文是完全可以适合科学方面的应用。最重要的一点,就是鼓励大家在科技方面多用中文"。

第二,理论的研究。正在发展中的国家,百废待兴。在这期间,主持学术机构的人,当然以实用的科学和技术为当务之急。在原则上,这方法是未可厚非。但是,从远处着想,我们不但要注重理科,我们也应该注重文科。再进一步说,我们应该比较注重实用的科学和技术,不过我们也不能不特别关怀理论科学。诚如杨教授所说:"假如我们能够产生一两位国际闻名的理论科学家,这对于新加坡这个小国会有很大的好处。"

杨教授这一席话,无形中给新加坡一个指示,让我们知所遵从,同时,也加强我们的自信心。拿破仑说得好:"一支笔杆,远胜三千支毛瑟。"[4] 同样的,一个科学上定律的形成,将使整个世界受影响。这儿我们恭祝杨教授为时珍重,多多发挥名言伟论。

1971年1月21日

注释:

① 货殖:是指谋求滋生资货财利以致富,即利用货物的生产与交换,进行商业活动,从中生财求利。司马迁所指的货殖,还包括各种手工业,以及农、牧、渔、矿山、冶炼等行业的经营。

② 当时则荣,殁则已焉:出自司马迁《史记·孔子世家》。"天下君王至于贤人众矣,当时则荣,殁则已焉。孔子布衣,传十余世,学者宗之。自天子王侯,中国言六艺者折中于夫子,可谓至圣矣。"司马迁称赞孔子说,自君王至贤人,当他们活着的时候都显贵荣耀,可是一死什么也就没有了。孔子是一个平民,他的名声和学说已经传了十几代,读书的人仍然尊崇他为宗师。从天子王侯一直到全国谈六艺的人,都把孔子的学说来作为衡量的最高准则,可以说孔子是至高无上的圣人了。

③ 诗巫(Sibu):又称新福州,是马来西亚沙捞越的第三大城市。

④ 毛瑟:指毛瑟枪(Mauser Rifles),由德国著名枪械设计专家彼得·保尔·毛瑟(Peter Paul Mauser)于1866年发明的。"一支笔杆,远胜三千支毛瑟"这句话常常被引用,久而久之成了具有中国特色的表述。我们相信原句不是拿破仑所说,因为保尔·毛瑟出生在拿破仑之后。但是,拿破仑曾说过"利剑总是败在思想之下"。(There are only two forces in the world, the sword and the spirit. In the long run the sword will always be conquered by the spirit.)

索　引

B

班达拉奈克夫人 128

报孙会宗书 15

本邦 18, 26, 28, 57, 58, 59, 63, 68, 69, 70, 72, 116, 117, 118, 120, 121, 126, 170

本公司 89

本国政府 82

俾斯麦 78, 195

博学、审问、慎思、明辨、笃行 35

逋逃薮 47

C

查令十字街 90

陈伯纳博士 199

陈六使 107, 113

城下之盟 195

D

当时则荣，殁则已焉 203

谠论 70

得其所哉 4

迭志报端 22

东方是东方，西方是西方，冰碳不相投，各据天一方 7

冬烘 31

动辄得咎 84

端的 121, 167

F

防民之口，甚于防川 167

费边社 152

分襟 167

焚膏继晷 121

风之积也不厚，则其负大翼也无力 4

奉行故事 137

G

公帑 113

苟得其养，无物不长 80

辜鸿铭 158

古之学者必有师。师者，
　所以传道授业解惑也 165

鹄的 5,28

国尔忘家，公尔忘私 13

国际和平奖 3,5

国内 161

H

哈罗公学 166

韩文公 124

户限为穿 90

涣然冰释 9

黄明宗 97

货殖 202

J

吉隆坡自治市 75

吉朋 184,194

佶屈聱牙 35

加富尔 78

家乘 39

嘉桑特爵士 169

剑桥文凭 181

健全的精神，寓于健全的
　身体 100

金瓯无缺 39,60

精神转注治疗 70,71,72

究天人之际，通古今之变，
　成一家之言 199

旧大陆 58

踽踽 24

具体而微 192

K

卡莱尔 124

开明书店和生活书店 161

L

拉达克里斯南 9

拉惹勒南 116,120

莱佛士图书馆 121

李光前 171

李科克 166

联合邦 117

良窳 167

聊备一格 174

寮国 139

林语堂 158

琉璃厂 90

六号七号 163

M

马皋莱 74, 184, 194

马辜申斯基 118

马来西亚 75, 76, 80, 84, 86, 87, 88, 139, 180

马来亚 61, 82, 106, 107, 115, 116, 161, 163, 169

买办 150, 158, 191

买椟还珠 187

毛瑟 204

民免而无耻 107

摩肩击毂 17

N

纳尔逊 195

南洋 109, 117, 121, 125, 138, 205

P

潘迪特夫人 128

培根 83

骈四俪六 32

胼手胝足 147

R

惹兰勿刹体育场 43, 101

人类是天生的社会动物 166

仁人之言，其利溥哉 113

日出而作，日入而息，凿井而饮，耕田而食。帝力于我何有哉！ 27

入主出奴 51

S

撒克逊字优于罗马字 31

塞纳河沿岸 90

三年不为礼，礼必坏；三年不为乐，乐必崩 4

莎士比亚 63, 65, 78, 79, 80, 196, 203

善本书 121

深文周纳 106

圣约翰救护机构 18

诗巫 203

十室之邑，必有忠信 126
手泽 147
守望相助，疾病相扶持 19
斯巴达主干涉，雅典主自由；斯巴
　　达重阶级，雅典重平等；斯巴
　　达善保守，雅典善攻进；斯巴达右武，
　　雅典右文；斯巴达贵刻苦，雅典
　　贵乐利 46
四美具，二难并 48
四位画家 24
宋云彬 163
苏文忠公 124

T

塔列朗 78
头家 110
图难于其易 170
图书馆 120

W

瓦莲京娜 129,130
万世不祧之祖 47,64
威尔基 9
威灵顿 195

为山九仞，功亏一篑 4
维辛斯基 83
尾房 110
卫星镇 144
文章本天成，妙手偶得之 65
我国 176
乌鲁勿洛 132
巫文 13,90,122,169,171,173,174
巫语 43
五一三事件 166

X

夏礼吾能言之，杞不足征也；殷礼
　　吾能言之，宋不足征也。文献不
　　足故也。足，则吾能征之矣 38
新加坡大会堂 139
新客 110
新政府 116
修文地下 4
雪兰莪 176
驯至 94

Y

亚答屋 147

亚细安 50, 52

严复 34, 36

一蹴而就 95

一登龙门，则声价十倍 171

一封朝奏九重天，夕贬潮阳路
　八千 124

一字之褒，荣于华衮，一字之贬，
　严于斧钺 64

伊顿公学 166

易卜生 65, 80

夤缘上进 57

印尼开始对抗 89

英皇爱德华七世医学院和莱佛士
　学院 169

英亩 133

英文六七号 57

英校 57, 110, 113, 114, 161, 181, 184

囿于门户之见 117

与国 83, 110

予取予携 144

Z

簪缨 39

战前 57, 114, 161, 163

赵瓯北 159

折冲樽俎 83

臻 95

畛域 13

朱文公 124

自然界厌恶真空 97

自治邦 132

字粒 31

祖国 105